BIRDS

AND OTHER RELATIONS

The Lockert Library of Poetry

in Translation

BIRDS

AND OTHER RELATIONS

Selected Poetry

of

Dezső Tandori

TRANSLATED BY BRUCE BERLIND

PRINCETON, NEW JERSEY

PRINCETON UNIVERSITY PRESS

1986

For other titles in the Lockert Library see page 155
The Lockert Library of Poetry in Translation is supported by a bequest
from Charles Lacy Lockert (1888–1974)

*

HUNGARIAN COPYRIGHT © BY DESZŐ TANDORI

COPYRIGHT © 1986 BY PRINCETON UNIVERSITY PRESS

PUBLISHED BY PRINCETON UNIVERSITY PRESS, 41 WILLIAM STREET

PRINCETON, NEW JERSEY 08540

IN THE UNITED KINGDOM: PRINCETON UNIVERSITY

PRESS, GUILDFORD, SURREY

LIBRARY OF CONGRESS CATALOGING IN PUBLICATION
DATA WILL BE FOUND ON THE LAST PRINTED PAGE OF THIS BOOK

ISBN 0–691–06685–X (CLOTH)
ISBN 0–691–01433–7 (PBK.)

Thanks are due the editors of the
following magazines, where some
of these translations first appeared:
Graham House Review, the *Hungar-*
ian P.E.N. Bulletin, *London Maga-*
zine, the *New Hungarian Quarterly*,
Ploughshares, and *Translation*

PRINTED IN THE UNITED STATES
OF AMERICA BY PRINCETON UNIVERSITY PRESS
PRINCETON, NEW JERSEY

CONTENTS

II

INTRODUCTION

Dezső Tandori was born in Budapest in 1938. He is a poet, playwright, novelist, graphic artist, and translator from a score of literatures. (A standard observation is that a Tandori translation usually excels the original.) As a poet, he is technically brilliant, formally versatile, elliptical, erratic, difficult, uncannily prolific, and—not least—controversial. To many Hungarians he is an exasperating enigma; to many others he is the chief poet of his generation. His poems are characterized by a perverse use of rhymes (where they appear), of enjambment, punctuation, and syntax; by a periodic violation of conventional parts of speech (e.g., *undividable* as a noun in "It Goes On"); and by a compulsive recording of seeming minutiae.

Poetry for Tandori is at once a game and an ineluctable calling. At times the game predominates, as in the hundreds of "concrete" poems he has made over the years, many of them purely visual. At his best, the game is an indispensable, functional strategy for serious ends. Although those ends vary from poem to poem, a ubiquitous concern is the precarious location of consciousness, an attempt to define one's identity in face of the hopeless knowledge that no such definition is possible except in terms of where one happens to be at any given moment, of what one happens to be doing and thinking and feeling, and of how the past and future bear upon that moment. The self, consequently, is always in transit, uncomfortably, existentially hovering amidst a welter of perceptions, memories, and anxieties. The result is a sort of salvage operation, in which what is salvaged is a poem that records its own grapplings with itself—with *itself* because it is only the poem, finally, that is preserved and preserves—in the record of its own making—the poet's attempt at self-definition. It is for this reason that so many of Tandori's poems talk about themselves in the very process of composition— about their intents and aspirations and, more minutely, about the forms they are in process of assuming.

The poem called "The Very Same City" illustrates many of these techniques and concerns. It is in 74 long, free-verse lines with only four full stops. There is a protagonist as well as a speaker, and, as we shall see, the two are in part the same person. The poem proceeds from an epigraph by István Vas ("He plays that he is a visitor in a foreign city"), and everything in the poem is calculated to enact the Vas epigraph—the simultaneity, that is, in life and in poetry, of strangeness and familiarity. What "happens" in the poem is simple: the protagonist, Tradoni by name, leaves home with some shopping bags full of bread which he scatters at various places for the birds, takes a bus across the Danube where he buys a pizza (to be improved at home by the addition of some local ingredients), re-crosses the river, buys wine and paprika, drinks some wine, and returns home, where he takes a nap while one of the birds he lives with sleeps on his back. That simple sequence of actions, however, while roughly linear, is not continuous. Or, to transpose the terms, and with equal accuracy, the sequence of actions, while continuous, is not linear. It is repeatedly interrupted (but *not* interrupted, we are told in lines 3–4, because the so-called interruptions are crucial to the experience) by observations, reflections, feelings of satisfaction and irritation, anxieties about the future.

Everything that Tradoni does, everything he thinks and feels, fluctuates between the familiar and the strange. Even the time of year incorporates the opposition: it is winter, but a *variation* of winter. And the word *variation* appears three times in the poem, on each occasion to suggest a departure from some hypothetical norm, and hence to stress the uniqueness of every moment, even though the basic event of any moment (like the annual recurrence of winter) has been experienced before. The geography of the poem— and Tradoni's progress is traceable on a map—supports the theme. Budapest is in fact two cities (although "the very same"): Buda, where Tradoni lives, and Pest on the right bank, where he buys the foreign pizza that will be partially domesticated when he returns home. Finally, the protagonist himself is both strange and familiar: Tradoni—"stress on the o" because Hungarian words are invariably stressed on the *first* syllable—is foreign; but as an anagram of Tandori he is half familiar—an "I" but not quite.

It is of course the location/dislocation of the "I" that is central to the poem (and to the esthetic it embodies) and that accounts for the nervousness of the locution/dislocution that textures it. In the same way that Tradoni must refrain from communicating to others, since anything he could say so briefly would be misapprehended ("drowned-out or deep-rooted"), so the communication to the reader must be continually qualified, questioned, tentatively offered, partially retracted. (Apropos of another poem, Tandori once remarked that he gives with one hand and takes away with the other.)

What, then, is the "communication"? To ask the question is to miss the point:

> . . . he doesn't explain, he hints, this much is roughly
> the communication, the informational value, he thinks, now
> not of what. . . .

Still, the nature of the communication is clear. It is about a *modus vivendi* and a view of poetry which, because they fuse the known and the unknown, are fraught with danger (Tradoni *could* be run over by a tram, the bird *could* be crushed), but which nevertheless demand that the risk be taken, that "possibility" be courted, that the self—however fragmented, isolated, tormented—not be denied. It is not a comfortable conclusion, because the nervousness that from the very beginning informed the poem's movement is not in the end resolved. But that too is part of the meaning. Another poem, "At Peace with Myself," concludes: ". . . some sort of resolution is needed / to understand that nothing ever resolves itself."

A note on the birds that appear so frequently in these poems. Tandori in fact lives with nine sparrows. It must be put that way because, as the poems make clear, the birds are not pets: they are co-inhabitants of his Budapest flat (see "Other Circles"). They are the "inside birds" of "The Very Same City" and "Excerpt from the Four Birds Blues." They are persons and personalities, each with his/her special relationship with the poet. In 1983 Tandori published an 800-page book about them called *Mud and Blood and Games*.

* * *

The selection of poems that follows was made in consultation with Tandori and is presented in chronological order. My major debts are to Mária Kőrösy, as always the patient and painstaking prism between Hungarian texts and my final versions of them; the Council for International Exchange of Scholars, the Board of Foreign Scholarships of the United States Information Agency, and the Hungarian Ministry of Culture, for a Fulbright Research Award that enabled me to spend six months in Hungary in 1984; the general secretary and staff of the Hungarian P.E.N. Club, my host during the Fulbright period; the Humanities Faculty Development Fund of Colgate University; and Dezső Tandori for his friendship and generosity in discussing his poems with me.

Bruce Berlind

I

EGY KONSTELLÁCIÓ MEGPÁLYÁZÁSA

Köszönöm, hogy számos zöldnövény testvérem közül engem választott.

A rendelkezésünkre álló hazai termesztésű zöldnövények közül egyike vagyok a legigénytelenebbeknek. Kelet-Indiából származom, kiterjedt családom sok szép változattal büszkélkedhet.

Minden változatom télen 18–20 C° egyenletes hőmérsékletű helyet kiván. A fényigényes növények közé tartozom, kérem a világosságot.

Huzatos helyen leveleim lehullanak, ezért hálásan veszem, ha szellőztetés előtt a légáramlás irányából gondos kezek elvesznek, és arra a rövid időre, amíg a légcsere tart, valahol huzatmentes helyen meghúzhatom magam. Nyári időszakban azonban az árnyékot kedvelem. Szeretném, ha a kedves Növénybarát a tűző naptól is megvédene. Nagy örömem telik abban, ha a leveleimet vízzel megpermetezik. Hálás növény leszek, ha olyan földkeverékben élhetek, melynek összetétele lombföld, trágyaföld, tőzeg és homok.

APPLICATION FOR A CONSTELLATION

Thank you for having chosen me from among my numerous
green-plant brothers.
Of the home-grown green plants avail-
able to us I am one of the most un-
assuming. I come from East India, my extensive family
can boast of many gorgeous varieties.
Each variety requires, in winter, a place with a constant temper-
ature of 18–20° C. I am one of those plants
in need of light. I request bright daylight.
In a drafty place my leaves fall off; for this reason I take it
kindly if, before the room is aired, conscientious hands re-
move me from the path of air currents, and if, for the short time
that ventilation is in progress, I can withdraw somewhere
to a place free of drafts. In the summer season, how-
ever, I am fond of shade. I would like the dear Benefactor
of Plants to shield me from the blazing sun. It gives me great plea-
sure to have my leaves sprinkled with water. I shall be a hardy
plant if I can live in a mixture of earth com-
posed of leaf mold, manured soil, turf, and sand.

KOCKAPOHÁR, KOPONYA HELYETT

"Amikor az első ütést mértem partvisnyéllel a karácsonyfára,
úgy láttam, a kis ezüst medve eltűnik az arany medve mellől,
zuhan a zúzódó ágak között, és akkor, ezt most nem mentségemre
mondom, Mr. Bierce, oly érzés fogott el, hogy további ütéseim
meglehetős rendszerességgel záporoztak, és szüneteik sem hoztak
megnyugvást; nem is tudom, mire föl hagytam abba; abbahagytam.
Csak akkor derült ki, milyen helytelenül következtettem az ezüst medve
sorsát illetően; mert a miniatűr villanyvezeték gubancából
kiszabadított ág-roncsok alatt, dísz-törmelékek, angyalhaj, habkarikák,
ezüstjégcsapok és boák között, valamivel a későbbi ütéseim egyike
nyomán szétzúzódott arany medve fellelhető maradványaitól
odább, megtaláltuk épségben. Rátérek nyomban,
mit csináltam ezek után az ezüst medvével. Hogy mindig közel
legyen hozzám, és ne legyen egészen egyedül, amíg nem lesz megoldás,
nagyalakú cigarettásdobozba tettem és íróasztalom
legtöbbet használt bal felső fiókjában helyeztem el.
Elaltattam téli medve-álomra, és tavasszal sem
ébresztettük fel, azt gondoltuk, majd csak akkor, ha—mint
fentebb említettem; bár nehéz lett volna megmondani, mi lehet
itt a megoldás. Persze, a következő télen, díszvásár idején,
kerestünk, de nem találtunk efféle medvéket; de ha találunk is . . . ?
Tizenegy hónap múlva nyitottuk ki végül a dobozt,
amikor, más megoldás híján, úgy gondoltuk már, legalább megnézhetjük
lakóját; és kettétörve, illetve a kis ezüstkoponya alapjánál
több apró szilánkra törve találtuk. Megállapíthatatlan immár,
melyik fiókhúzáskor történt; szerencsénk volt még így is,

4

DICE-BOX INSTEAD OF SKULL

"The first time I whacked the Christmas tree with a broom handle
I saw the little silver bear beside the gold bear drop from sight,
fall down between the broken branches; and then, I don't mean this
as an excuse, Mr. Bierce, I was overcome by a feeling that made my subsequent
     blows
rain down fairly regularly, and the spaces between did not calm me
down either; I don't really know why I stopped; but I stopped.
Only then did I realize the false conclusion I had come to concerning
the silver bear's fate; because under the debris of branches, freed
from the tangle of miniature electric wires, among broken ornaments,
angel-hair, candy canes, silver icicles and paper chains, and somewhat farther
from the recognizable remnants of the gold bear smashed by one of
my later blows, we found him safe and sound. I turn now to
what I did afterwards to the silver bear. In order to have him
near me always, and not to leave him completely alone, until a solution had been
     found,
I placed him in a large cigarette box, which I put in the
upper left-hand drawer (the most frequently used one) of my desk.
I put him to sleep to hibernate, and we didn't wake him
even when spring came, thinking we'd wake him only when—as
I've already said, although it would have been difficult to say what the solution
might have been. Next winter, of course, during the ornament sale,
we looked for a bear of that kind but didn't find one; and what if we had . . . ?
Eleven months later we finally opened the box, when lacking
any other solution we thought we might at least have a look at
its occupant; and we found him broken in two, or rather broken into
a number of tiny slivers at the base of the small silver skull. There's no way now
     of ascertaining
at which opening of the drawer it happened; even so, we were lucky

mert az arc—a pofácska—két fele teljesen ép maradt, és a törzs
is ép; vattával kitömve összeragaszthattuk. Most csak a koponya
említett alapi része hiányzik. Ez azonban nem tűnik fel,
mert az összeragasztott ezüst medvét vattába ágyaztuk,
így került vissza a cigarettásdobozba, melyet
ekképpen teljesen betölt; *a szeme* alig látszik
a fehérségből. Most, amikor ezeket a sorokat írom,
egyvalami legalább bizonyos, Mr. Bierce: ezentúl
nem vádolhat senki már a papir meg az indigó
(ezek az én foglalkozási eszközeim) elővételéért is
—nincsenek jogi ismereteim—pótlólagos gyilkossággal v. öléssel
(a papírt meg az indigót, ha még nem említettem volna,
ott tartom a bal felső fiókban, és múlt karácsony óta
meglehetősen termékenynek bizonyultam).
A többi az én dolgom; és két idézőjelé,
amig nem lesz, azúttal majd az én számomra, 'más megoldás'."

because the two parts of the face—the little snout—were completely intact, and
    the torso too
was intact; if we stuffed the two parts with cotton wool we could glue them
    together. Now all that's missing
is the previously mentioned piece of the skull's base. This, however, is not
    conspicuous,
because we embedded the glued-together silver bear in cotton wool
and put him back this way in the cigarette box, which
he thus fills completely; *his eyes* can hardly be seen
against the whiteness. Now, so long as I'm writing these lines,
one thing at least is undeniable, Mr. Bierce: from now on
no one can accuse me, because I take out paper and carbon paper
(these are the tools of my trade), of additional
murder or killing—I don't know anything about the law—
(in case I haven't mentioned it yet, I keep paper and carbon paper
in the upper left-hand drawer, and since last Christmas
I have proved to be fairly prolific).
The rest is my business; and that of two quotation marks,
until some day, for me then, there will be 'another solution.' "

"S GYORSAN, ANYÁM?
MERT NAGYON SIETEK? HOVA??"

(kb.: III. [. . .] Nem, nem!)

Ezerkilencszázhetvenkettő február kilencedike, szerda délelőtt
kilenc óra harmincöt perc. (Dolgozzunk, ahol lehet, kerek számokkal.)
Miért izgatom fel magam, tíz perccel indulás előtt? Még tiz
percem van, itthon, és ha nem érzem is nyomban utána: tudom,
felizgat majd. Miért ülök le megírni ezt? (mit?) Természetesen
felteszem magamnak a kérdést. Mégis, leülök, megírom, remélem,
kész leszek kilenc óra negyvenötre. Szerencsére tízre hívtam a taxit.

Vagy mindezt talán nektek mondjam el gyorsan—a telefonba, nektek?
(Még van hét-nyolc percem itthon, és a beszélgetés mindig felizgat.
Feleslegesen felizgat. "Csak azért hivtalak benneteket most, mert
mire hazajövök . . . neki akarok állni . . . Hát akkor búcsúzom,
átveszem . . ." És átveszem egyikőtöket a másiktól, a telefon tulsó végén.)

Viszont gyakran felhívlak titeket, senki sem mondhatja . . .
És nem is mindig ilyen röviden, ahogy most módom lenne rá
(öt-hat perc). Jobb is, hogy leültem inkább . . . bár tudom, felizgat,
és talán a taxit is jobb lenne lemondani; az izgalom
jelei később ütköznek ki, hirtelen bizonytalanság fog el; és egyéb.

"Átveszlek" titeket; "átvesztek"; olykor a férfihang jelentkezik;
néha már-már az *arcot* látom, a hetvenhatéves
arcot, ahogy a lift tükrében, igen, amikor a lift visz fel hozzátok
az ötödikre, ahogy ott látom az arcom, nemsokára harminchatévesen:
"Valaki elindult előttem ezen az úton, valaki, aki majdnem én vagyok,
és olyan nagyon nem én, ahogy csak lehet . . ." (És az leszek.)

8

"AND QUICK, MOTHER?
FOR I'M IN A RUSH? WHERE TO??"

(approximately: [. . .] III No, no!)

February the ninth, nineteen seventy-two, Wednesday morning,
nine thirty-five. (Let's work where we can with round numbers.)
Why am I rattled, ten minutes before leaving? I still have ten
minutes left, at home, and even if I don't feel it immediately I know
I'll be rattled. Why do I sit down to record this? (what?) Naturally,
it's me I put the question to. Still, I sit down, record it, hope
I'll be ready by nine forty-five. Luckily I ordered the taxi for ten.

Or shall I perhaps spill it all out to you quickly—by telephone?
(I still have seven/eight minutes at home, and conversation always rattles me.
Needlessly rattles me. "I've called you now only because by the time
I get home . . . I want to get started on . . . Well, I'll say good-bye then,
I'll speak with . . ." And I speak with the other of you, at the other end of
        the line.)

On the other hand, I call you frequently, nobody can say that I . . .
And not always as hastily as I would have to now (five/six minutes).
It's better that I've sat down instead . . . though I know it will rattle me,
and perhaps, too, I'd better cancel the taxi; the signs of rattling
show up later, suddenly I'm overcome by insecurity; and other things.

"You speak to me"; "I speak to you"; sometimes the male voice answers;
at times I almost see the *face*, the seventy-six-year-old face,
as in the elevator mirror, yes, when I ride up to you in the elevator
to the fifth, I see my face there, before long thirty-six years old:
"Someone set off on this road before me, someone who is almost me,
and as much not me as possible . . ." (And that's what I'll be.)

9

S olykor a női hang . . . (És itt valóban az életkorokra
kell csupaszítani a dolgot; kilenc óra negyvennégy.) Már negyvenötben,
mindjárt a háború után, levittetek nyaralni . . . A női hang
búcsúzott el tőlem; néztem "utána" a szerszámkamrából, a háziak
oda zártak, mert nem akartam egyedül lenni és sírtam.
Furcsa, hogy lassan én is annyi leszek, mint ő (Te) akkor,
kis túlzással harminchat éves. Furcsa, hogy azt az eső utáni nagyon zöld
(gondolom: kertet) mindenféle tiz percek kamraablakain át ma is látom.

And sometimes the female voice . . . (And here in fact the matter
must be stripped down to ages; nine forty-four.) In forty-five,
just after the war, you took me on summer vacation . . . The female voice
said good-bye to me; I "followed" her from the toolshed, our hosts
locked me up in it because I didn't like being alone and I cried.
Funny, that I'll soon be as old as she (You) were then—stretching
a bit, thirty-six. Funny, that today I still see that extravagant
post-rain green (garden, I think) through all sorts of ten-minute shed windows.

ÉS AMIT TUDNI LEHETNE
UGYANARRÓL

Ahogy a vonatból kiszálltunk, pillantásunk a felrobbantott
csomagmegőrzőt kereste; csakugyan nem volt ott. Át kellett
vinnünk mindent egy eléggé koszos utca túloldalára. A szoba-
foglalással minden rendben ment; igaz, hogy ez már csak
visszaúton derült ki. Átmenő-depónknak is nevezhetném
a várost. Most látom: a lényegre szorítkozva

ígérkezik a leghosszabbnak minden. A mellékkörülmények
kiragadása abbahagyható; ez nem. Átmentünk egy
parkon vagy templomkerten, mielőtt a főútra kiértünk
volna, letértünk, és maradt utolsó este tizenhárom és fél
helybeli pénzegységünk, de már csak egy töltőtollasboltot
találtunk nyitva; vehettünk volna szörpöt, almát is: – – –

Nem mulatságos neked ez az egész? Te igazán tudod, mikről
beszélek; most kinek kezdjem el? minek? úgy igazából? megörökítésnek?
A májas helyen szétszedtük a fényképezőgépet; ott szaladt
bele a villamosba az a kis autó, nem mertük lekapni;
hogy fért bele az a négy kövér pacni, akiket aztán még a parkból is
ott láttunk a szomszéd asztalnál?! Mit szólnál,

ha a gyerekjátszótér csorgókútjával folytatnám, ott
főleg nek . . . vagyis azt hiszem mindkettőnknek nagyon jól esett
(mit lehet huszonvalahány órányi útonlét után egy ilyen
csorgókútnál csinálni?); és ott igazítottuk meg a félretekeredett
filmet. Mindebből megismerni minket? Vagy emlékszel, amikor
—már hazafelé—megszabadultunk a csomagjainktól,

WHAT SHOULD BE KNOWN OF
THE SAME THING

As we got off the train we glanced around for the blown-up
checkroom; sure enough, it was gone. We had to lug
everything across a fairly dirty street. The room-
reservation was in order; to be sure, we learned this only
on the return journey. I may as well call the city our transit-
depot. I see now: everything restricted to its essence promises

to be most strung-out. You can desist from highlighting
subsidiary circumstances; not this. We walked through a
park or churchyard, before we got to the main road we veered off,
and on the last evening we were left with thirteen and a half
of the local currency, but a fountain-pen shop was all
we found open; we could also have bought juice or apples: – – –

Doesn't it strike you as funny? You really know what I'm talking
about; whom shall I tell now? why?—truthfully, to immortalize it?
At the liver-place we dismantled the camera; that's where the small car
crashed into the trolley, we didn't dare take a snapshot;
how did those four tubs of lard cram into it, whom we saw later
from the park at the next table? What if I went on to

talk about the drinking fountain in the playground, it was there
especially that you—I mean both of us—had a great time
(what can you do at a fountain after twenty-whatever hours of
traveling?); and it was there we straightened out the badly reeled
film. Are we recognizable in all this? Or, do you remember when,
another time—on our way home—we got rid of our luggage, this time

ezúttal egy harmadik, új helyen! és nyertünk legalább kétszáz
métert, és előbb vághattunk neki az utolsó napnak, és fáztunk,
nem volt igazi meleg holmi nálunk, és felmentünk a töltő-
tollas utcán, ezúttal ellenkező irányban? a városközpont felé?
de mielőtt a főútra kiértünk, letértünk, szintén kaptató
volt az a keskeny utca, és már nem néztük: mi kapható,

elfogyott a pénzünk; de ami maradt! az a nem egészen harminc
egységnyi, azt aztán beosztottuk! Nem kapkodtuk el, három
pogácsát vettünk először, utána kettőt, egyet elfeleztünk,
és egy lejtős sugárúton lekanyarodva a valódi, bontogatott
óvárosba, az egyik bolt kirakatában akadt valami jó olcsó
kisüveg pálinka! Észre se vettük, hogy az ajtón lakat és

rács van. Aztán megittuk ugyanazt a szomszéd házban. És
délután, külön ezért! visszamentünk. A parkban egy padon
ültünk, és—emlékszel?—mit mondtál?—és az a szatyros
háziasszony, hazafelé igyekezve, mit kérdezett tőlünk?
A nevetéstől jobbra-balra dőltünk. És akkor:
akkor. Nem, nem búcsúztunk el se a járkálástól, se a padtól,

a hálókocsifülkében jóval kedvetlenebbül ébredtünk,
de az itthoni pályaudvaron sokkal jobb kedvünk volt, mint
elutazáskor. Taxi gyorsabban akadt, mint máskor,
és ahogy ültünk hátul, a melegben, a sofőrtől értesültünk
róla, hogy—és itt is!—*ott lent* minusz-egy-plusz-kettő
köré szállt tegnap a hőmérséklet; és egy szál ingben,

micsodában, vászonkabátban csináltuk végig az egészet!

at a third place, a new one! and we went on at least two hundred
meters and were able to set out for the last day, and we were cold,
we didn't have really warm things along, and we went up the fountain-
pen street, this time in the opposite direction, toward the city center?
but before we got to the main road we veered off, that narrow
street was uphill, and we no longer thought about what to buy,

we'd run out of money; after that we economized with what was left,
that not quite thirty units! We took our time, we bought
three buns first, then two, then went halves on another,
and turning off a sloping avenue into the original partly demolished
old city, in one shop window we saw a small bottle of some sort of
good cheap brandy! We didn't notice that the door was padlocked and

barred. Then we drank some of the same stuff in the next house. And
in the afternoon, expressly for this, we went back. We sat on a bench
in the park, and—do you remember?—what was it you said?—and that
       housewife
with the shopping bag, heading for home, what was it she asked us?
We were splitting our sides with laughter. And then:
then. No, no, we didn't say good-bye to walking or to the bench,

we woke up quite depressed in the sleeping-car compartment,
but at the railroad station at home we were in higher spirits than
when we had left. A taxi turned up sooner than usual,
and as we sat in back, in the warmth, we learned from the driver
that yesterday, *down there*—and here too!—the temperature fell
to from one below to two above; and with nothing but a shirt on,

we managed the whole thing in—what?—in a linen jacket!

15

A KLEE-MILNE VÁZLATKÖNYVBE

Elindulunk most szelíd tájakon,
nem is akarunk másfélékre érni.
Rímhelyzet jön: megnyugtató a régi,
mindig megújítható alkalom.

Hová is tartunk; kell-e mondanom.
Egy zökkenő már volt: egy átkelési
helyen; ilyen: két versszak közt a résnyi
fehér folyó—máris mutathatom.

Megyünk, szelíd barátaink, Te és én,
velünk-támadt útjelekre ügyelve
megyünk: örökmedvéink, Te meg én.

Hogy eddig hol voltunk? *Az elején!*
Most itt bóklászunk erre-valamerre.
S a végén hol . . . ? A végén hol! *A végén.*

FOR THE KLEE-MILNE SKETCHBOOK

It's a gentle landscape we set off in.
There's no other kind we want to reach.
A rhyme-situation is coming: each
old renewable chance is a satisfaction.

Where are we heading for? Do I have to say?
We've had a jolt: at a crossing place
—like this—between two stanzas. The space
of a slim white river I can now display.

We walk, You, I, our gentle friends, a smart
eye open for road signs along the way.
We walk, You, I, the eternal bears, our friends.

Where have we been till now? *At the start!*
Now we're rambling—here, somewhere, we stray.
And where at the end . . . ? At the end where! *At the end!*

A VÍVÓTEREM

(Szin: utca Veronában)

Ott élek én, ahol Mercutio
már mindörökkön együtt-vív Tybalttal:
összetoppannak, mintha medvetalppal,
visszakoccannak, két kókuszdió.

Nincs kérdés, hogy "ki ez a Rómeó",
"kik e famíliák"; és az se nagy baj,
ha a sértés: halálos. (Messzi, halk zaj.)
S mi-hogy bár, legjobb hittel mondva: jó.

Asszózás közben, köz-megegyezéssel,
vívó-zsákként letottyanunk pihenni.
Nem szól a vér szava: kifolyt belőlünk,

könnyűségünk oda; mégis: "Felőlünk . . . !"
Ki hitte volna, hogy csak ennyi, ennyi,
amit nem érni föl karddal, se ésszel.

THE FENCING HALL

(Scene: a street in Verona)

There where I live it's Mercutio's luck
to take on Tybalt forever, fencing.
They clump around like bears dancing;
they clunk back, two coconuts.

"Who's this Romeo?" There's no such question;
nor "Who are these families?" And it doesn't matter
if the insult's mortal. (Distant mutter.)
And that's just fine, if you want my opinion.

Between bouts, as agreed upon,
we schlump down like sacks for a rest.
The blood-voice is silent: it's flowed out of us,

our agility gone; yet we couldn't care less.
Who'd guess it's as little, as little as this
that can't be grasped by sword or reason.

A LEGFÖLÖSLEGESEBB
KÉRDÉS—MÉGIS: "MIÉRT?"

Miért áll, miért tárja szét a szárnyát,
miért néz így, félrefordított fejjel
ez a kis alacsony-fajta pingvin, ahogy
közben a fehér mellényén két sebből
dől a vér, legalábbis ott a vér, mert
ez már csak fénykép egy nagyon drága
könyvben, mely mindig itt nyílik ki.
És most már ki bírom nyitni magam is
ott, és elbírom talán a kis félrefordított-
-fejű, széttárt-szárnyú pingvin látványát,
legfeljebb a néhány ronda színű
rablósirályt nem nézem meg jobban,
ahogy nem is túl mohón körülveszik.
A képen bizonyos távolság van
a szöveg szerint *haldokó* madár
és a prédalesők közt; mintha csak
egy vagy két rablósirály (vagy: halfarkas)
indulna abba az irányba, amerre
a náluk nem magasabb bóbitáspingvin
feje fordul. Ez a könyv ötszázhuszonkét
forintomba került 1974 decemberében.
A kép: eredeti felvétel; a szinek:
persze, a szinek . . . ez technikai
kérdés. A vér vöröse, a mellénytollazat
fehére, a bóbita sárgája, a csőr, a szem.
Hanem ami viszont mitől függ, kérdem:

THE MOST SUPERFLUOUS QUESTION
IS NEVERTHELESS: "WHY?"

Why is he standing, why does he spread his wings,
why does he stare so, with his head turned away,
this squat little penguin, while meanwhile
the blood streams down from two wounds onto his
white breast?—at least the blood is there, because
this is only a photograph in a very expensive
book which always opens here. And now I too
can bear to open it there, and perhaps can endure
the sight of the little penguin with head
turned away and wings outspread
—anyhow, I don't look closely at
the several ugly-colored robber-seagulls
as they none too eagerly surround him.
There's an undeniable distance in the picture
between what the text calls the *dying* bird
and the predators; as if only one or two
of the robber-seagulls (or jaegers)
had set off toward where the crested penguin,
no taller than they, has turned his head.
This book cost me five hundred twenty-two
forints in December 1974. The picture
is an original photograph; the colors
. . . of course, the colors . . . that's a technical
matter. The red blood, the white breast-
feathers, the bill, the eyes, the yellow crest.
But what is behind it all, I ask: that this bird

Hogy miért áll ez a leopárdfóka-tépte
sebekből vérző madár, miért áll úgy,
mintha a képnek nem is az lenne
a szövege, ami. Kire néz, ha egyáltalán.
És az is igaz, mit csinálhatna *helyette*.

bleeding from two wounds, torn by leopard-seals,
is standing? Why does he stand that way,
as if the text of the picture were not
what it is? Whom, if anyone, is he looking at?
And, when you get down to it, what could he do *instead*?

AZ ÖRÖK LAKÁS

Apám én aki tudod milyen kényes vagyok a helyszínekre
és tulajdonképpen hibáztass sehova se vágyom
meglehet szaladok de nem hova-sietve
s igazán egy helyen társas csak a magányom
miért hogy nálad mégis nagyjából megtalálom
egy-egy állapotom kellő összetevőit
és úgy dőlhetek hanyatt egy sarokban az ágyon
hogy ha arra se gondolok az Eltávozott-Ő itt – – –
nem te nem Ő nem én nem az-aki-velem-Van
három *jelen*való és egy ki-tudja-*hogy*
nem ez a gondolatsor ha ülök fotelodban
mely látom már alig-alig a fotelod
valami más teszi hogy itt úgy megvagyok
ahogy egyebünnét minden jóból hiányzom
és ha megfordulok nézem az ablakot
a mindig esti fénysort egy sem az én lakásom
itt bent a régi csillár a régi lámpa egyre
és ez is oly kevés fény ez csak visszaverődik
hanem ahogy a rím ráfut belső sínekre
s a pályaudvaron már várják érkezőit
megjönnek elmerülnek ölelkező-alakban
vagy egynémelyikük maga hazakocog
és egy mindig is úgy akár a kés a vajban
nem hordártargoncák utasok kofferok
de szétnyílik körülte épp az ami megőriz
és újra összezárul mögötte ami megvan
fentről látná magát látná hogy *ott van ő* is
aki mindig sehol sehol sehol szeretne
apám így érkezem most-majd-lakóhelyedre
csak egyfelől jövök bár sokfelé maradtam

THE ETERNAL DWELLING PLACE

Father I who you know am sensitive to places
and really you should reproach me for longing for nowhere
however I run but not in a hurry for somewhere
and truly my solitude is social in one place only
why is it that nevertheless on the whole with you
I find the proper components of my conditions
and I'm able to fall on my back on the bed in the corner
so I don't have to bring to mind the Departed One here – – –
not you not she not me not she-who-is-with-me
three of us *present* and one of us who-knows-*how*
it is not this train of thought when I sit in your armchair
which now I can see is barely now your armchair
it is something else that does it that here I am well
as everywhere else I am absent from everything good
and if I turn round I look at the window the always
evening row of lights none is my dwelling place
in here it's the old chandelier the old lamp always
and the light is so little the light is only reflected
but as the rhyme slides onto the inner rails
and those who arrive at the station are already awaited
they arrive on a train are immersed in embracing form
or some of them leave and stroll on home by themselves
and always there's one so like a knife in butter
no luggage-trolleys no passengers no suitcases
but flings open around him whatever preserves
and closes again behind him whatever exists
could he look from above he'd see that he too *is there*
who would always like to be nowhere nowhere nowhere
father thus I arrive at your now-then-dwelling-place
from one direction only though I've stayed in many

"(Csak)" "(bizonyos)" "(formákban)" "(nem)" "(hiszek)",
"(némely)" "(formák)" "(külső)" "(formáiban)".
"(s)" "(ez)" "(nem)" "(érinti)" "(sem)" "(a)" "(feleket)"—
"(sem)" "(arról)" "(nem)" "(szól)" "(hogy)" "(velem)" "(mi)" "(van)"?

"(Ha)" "(ez)" "(szólás)" "(lenne)" "(egyáltalán)";
"(ha)" "(felek)" "(lennének)" "(s)" "(érinthetés)":
"(ha)" "(hiszek-nem-hiszek)" "(olyan)" "(kevés)" &
"(volna)" "(ez)" "(hogy)" "(még)" "(így)" "(sem)" "(mondanám)" §

"(A)" "(folytonosság-absztinenciát)" /
"(tartóztatni)" "(csak)" "(örökké)" "(lehet)"!
"(így-folyton)" "(nem)" "(lesz)" "(egyre)" "(kevesebb)" □

"(Így)" "(nincs)" "(velem)" "(veled)" "(és)" "(így)" "(tovább)" %
"(így)" "(nincs)" "(többé)" "(lehet)" "(vagy)" "(lehetetlen)" +
(STOP) "(Bár)" "(elkezdtem)" "(volna)" "(még)" "(életemben)" =

(HERE LIES STOP
E STOP E STOP CUMMINGS)

"(In)" "(certain)" "(forms)" "(only)" "(I)" "(set)" "(no)" "(store)",
"(in)" "(outward)" "(forms)" "(of)" "(particular)" "(forms)".
"(and)" "(this)" "(neither)" "(touches)" "(on)" "(the)" "(principals)" "(nor)"—
"(does)" "(it)" "(communicate)" "(my)" "(own)" "(concerns)"?

"(If)" "(this)" "(were)" "(a)" "(communicating)" "(more)" "(or)" "(less)";
"(if)" "(there)" "(were)" "(principals)" "(and)" "(touchability)":
"(if)" "(I-believe-it/I-don't)" "(this)" "(would)" "(be)" &
"(so)" "(small)" "(I)" "(wouldn't)" "(say)" "(it)" "(even)" "(like)" "(this)" §

"(Continuity-abstention)" /
"(can)" "(be)" "(delayed)" "(only)" "(continually)"!
"(thus-incessantly)" "(it)" "(won't)" "(become)" "(less)" "(continuously)" ☐

"(Thus)" "(there)" "(isn't)" "(with-me)" "(with-you)" "(and)" "(so)" "(on)" %
"(thus)" "(possible)" "(and)" "(impossible)" "(can't)" "(survive)" +
(STOP) "(if)" "(only)" "(I'd)" "(started)" "(while)" "(still)" "(alive)" =

EMLÉKSOROK BERTOLT BRECHTNEK

Menj ki az utcára itt és most
—a száraz évszak teszi?—
bolyhos sárga trikóban: apró
rovarok repülnek rá, erre,
a színére csak, nem rád, mégis:
egész idő alatt gyilkolsz,
holott úgy látszik, mintha
vakaróznál. Ne bízz benne,
hogy ez személytelen történés.
Ne hidd, és már nem is hiszed,
hogy a sárga trikó háta
nincs tele feketeséggel.
Ha oda hátranyúlsz, elmázolod,
amit elől apránként
lecsipegetsz, szintén
hiába. És nem, nem személytelen
történés, ez veled
történik, ez történik veled.
És eleged lesz,
hogy ilyen felemás vagy,
és várod,
hogy hazaérj.

MEMORIAL LINES TO BERTOLT BRECHT

Go out into the street here and now
—is the dry season to blame?—
in a wooly yellow jersey: tiny
insects fly onto it, onto this,
on its color only, not you. And yet
for the entire time you kill,
though it looks as if
you were scratching yourself. Don't assume
that this is an impersonal happening.
Don't believe, and you no longer do,
that the back of the yellow jersey
is not covered with blackness.
If you reach back there you smudge
what in front you piece by piece
pick off, likewise
for nothing. And no, it is not an impersonal
happening, this happens
to you, this is happening to you.
And you'll be fed up
being so odd,
and you'll be itching
to get home.

(1938–   )

"(. . . s) egyszer csak ringani kezd velünk, csak velünk!
kifelé a ladik."– Illyés Gyula

Itt egyensúlyozok
egy gondolatjelen,
nem kérdés: "Átérek-e valahára . . ."!
Egy hídfő már amott
olyan szilárdan áll.
(Várhatsz, zárójelem!)
Beülök egy Canal
Grande-parti teára.

Híd- s palotasorok:
így-úgy megismerem
cikcakkotok, már másodjára járva.
Ki-be fordulgatok;
canarino-madár
kis énekét lesem,
    míg várok a Canal
Grande-parti teára.

Cölöpön víz lotyog,
csónakfenekeken.
S egy cukorpapírt ejtek a Canal-ra.
Valami hogy lobog!
S fénylik egy kiskanál,
míg citromszeletem
    árnya hull a Canal
Grande-parti teára.

30

(1938–   )

*"(. . . and) all of a sudden the bark begins to rock with us
(just us!), outward bound."–Gyula Illyés*

I'm poised here
on a hyphen.
No need to ask if I'll cross finally.
The stolid bridgehead
is already there.
(My parentheses, wait awhile!)
I'll sit down for tea on
the bank of the Grand Canal.

Bridges, palaces, in rows:
I recognize, though vaguely,
your zigs and zags, since I've been here before.
I look about, on the watch
for the little song of
the canarino-bird
while waiting for tea on
the bank of the Grand Canal.

Water gurgles on the pilings,
on the bottoms of boats.
And I drop a sugar wrapper in the Canal.
It sparkles as it floats!
And a teaspoon glitters
as the shadow of a slice of lemon
falls on my tea on
the bank of the Grand Canal.

Hogy bealkonydott!
Hűvösség a vizen,
s a Rialto bazárjain fatábla.
Ugye, maradhatok?
(Ha már—! Ha már—! Ha már—!)
Kitől kérdezhetem?
. . . Most egy hajó beáll,
válaszomra se várva.

How dark it's grown!
There's a chill on the water,
and wooden panels on the Rialto bazaars.
May I stay? yes? no?
(Since now—! Now—! Now—!)
Whom could I ask? Let's see . . .
A boat nudges the dock
not waiting for an answer.

HOMMAGE II

Kálnoky Lászlónak és Nearer Side-nek

Aztán a múlt mindig jól alakul.
Az lesz belőle, ami lehetett
volna, amit az ember szeretett
volna—s szeret, csak nem nyugtalanul,

mert ott semmi se üthet ki balul,
semmi se olyan túlrészletezett,
mindig mindennek végét vetheted,
semmi nem nyers és semmi nem avul.

Mint egy jéggéfagyott állóbüfében,
úgy jár-kelhetsz, akár egyhelyben állva:
hökkenni sincs min, megörvendni sincs min.

Mint az a szárnya-zsebredugta pingvin
a könyvborítón: *itt* akármiképpen
süthet a nap! neki már *ott* az árnya.

HOMMAGE II

To László Kálnoky and to Nearer Side

After a while the past always works out.
It becomes, later, all that it could have been,
all that we would have wanted for it then,
—and want still but aren't anxious about.

Because nothing there is terribly discrete,
there's nothing can go wrong, nothing to lose,
you can put an end to anything you choose,
nothing is crude and nothing is obsolete.

As in a snackbar that's solidly frozen over
you can stand in one place and wander anywhere:
there's nothing to appall you, nothing to please.

Like that penguin, his wings in his pockets, on these
bookcovers: it doesn't in the least matter
how the sun shines *here*—his shadow's already *there*.

TALIZMÁN

Én a halálos ágyamon
nem mondanám: ezem-azom . . .
Medvéimet szólítanám,
mert hiányoznának nagyon.

Én is hiányoznék nekik?
Vagy ezt csak most képzeltetik?
S ha nem vágyunk egymás után,
mindőnk megkönnyebbedhetik?

Ha egyike, ha másika:
kár erre választ várni ma.
Ami igazán egyszerű,
csak le kell bonyolódnia.

Oda se biccentjük fülünk,
hogy épp mit álmodnak velünk;
ott aztán tényleg fűre-fű,
elalszunk vagy felébredünk.

TALISMAN

On my deathbed I would not
say: I leave this or that . . .
I'd summon my bears, however,
because I'd miss them a lot.

Would they also miss me?
Or do they pretend to only?
And if we don't love each other,
can any of us breathe freely?

This way or that, it's vain
to expect an answer today.
Whatever is truly plain
will find its own way.

We don't even nod our ears
to what is dreamt about us;
we fall asleep or awaken
there, then, grass on grass.

(TALÁN!):

ST. SEVERIN-SAROK

Álmomban egész kis verebeket
szedtem össze a járdasarki porban;
alig, hogy az elsőért lehajoltam,
föl se néztem: "ez a Diáknegyed!"

kiáltottam; "a folyó itt lehet
egész közel," aztán tovább kotortam,
majdnem négykézláb, s majdnem odaszóltam
egyiküknek, mert a tenyeremet

mintha megkedvelte volna! fehér por
borította a járdasarkot, egy-két
arasznyira volt a többi kolibri-

-nagyságú veréb; hát itt most mi lesz? még
épp elegendő lesz rá ez a két sor,
aztán a szemeket tessék kinyitni.

(MAYBE!):

ST. SEVERIN CORNER

In a dream, in the dust of the sidewalk corner,
I gathered whole little sparrows. I was just stooping
for the first one, not even looking
up, when "this is the Latin Quarter!"

I cried, "it's got to be here, the river
can't be far off"; then I went on rummaging,
nearly on all fours, and nearly speaking
to one of them who it seemed had acquired a taste for

my palm! White dust covered
the corner of the sidewalk, a foot or two
away were the rest of the humming-bird-

sized sparrows. So what's next? These
two lines will have to do,
from now on please open your eyes.

ST. SEVERIN
ÖSSZEFÜGGÉSTELENÜL MEGHAL

Madarak bukkannak fel álmaimban.
A kolibri-méretű verebek
ma éjszaka a redőnyréseket
találták meg, s egyszerre négy is itt van,

és nyugodtan megvárja, hogy befogjam,
így sorra négyet beemelgetek
a szobába, ott virágcserepek,
könyvek közt tűnnek el, most már valóban

csak a külső párkány volt hátra. Egy
vak kéznyújtással még két verebet
fogtam meg kint. Az egyik már halott

volt; nem halott, de ahogy óvatos
pillantást vetettem rá, a nyakán
volt valami kocsonyás. Nézne rám!

gondoltam, s mint a többit, tenyerembe
vettem; legördült és hanyatt terült;
néztem tovább, a szemét hártya fedte,

tudtam, meghal; és akkor *penderült*
egyet jobbra, egyet balra, platán-
levélként nyújtózott el, hosszú csőre

ST. SEVERIN

DIES OUT OF CONTEXT

Birds very frequently appear
in my dreams. Tonight the humming-bird-sized sparrows
have discovered the narrow
slits in the shutter, and suddenly there are four of them here

just asking to be caught. So I draw near
and one by one lift into the room those
four, where among flowerpots and rows
of books they disappear.

By now only the outside sill was left. I
caught two more sparrows
by blindly groping. One of them was already

dead; not dead, but as I cocked an eye
I noticed something like jelly
on its neck. If only it would look at me,

I thought, and placed it like the rest in my palm;
it rolled off and sprawled out flat on its back;
I kept looking, its eyes were covered with film,

I knew it was dying; and then *it jerked*,
once to the right, once to the left, it stretched out
like the leaf of a plane tree, its long beak

még nyílt, csukódott, szine vöröses
volt, bordós, feküdt, mint egy kis *alán*
lovag Pápua-földre elvetődve.
Nem is történhetett vele csak ez.

still opening, closing; its color was reddish,
purple, it lay like a little nomadic knight
turning up by mistake in Papua.
Nothing could have happened to it but this.

FOLYTATÓDIK

Az iménti, e Danténak ajánlott
sorok után jutott végre eszembe,
hogy megtérjek bizonyos tercinákhoz,
és ne gondoljak többé verebekre.
Támaszkodom e kolostor-falán.
Telefonkagylókkal kirakva csendje.
Itt, szól egy holt membrán, nem mondanám,
hogy évekig sem találkozhatom,
az Azelőtt-Se-Ahogy-Ezután
nyugalmát végre így kihallhatom
a szüntelen Beszélgetés szavából:
mert várj! ez ilyen fajta alkalom,
hogy elpártolva máris visszapártol,
s ha nem lel ott, csakigy odaverődik,
ahonnét visszavettetik—s magától!
Ezért, hogy a helyek sosem előzik,
megállapodva van-vagy-nincs sehol,
kihallgatja saját külön-időit,
és nyugtalankodik, míg nyughatol,
mert otthontalanodban jár helyetted,
kiemelget szólamaid alól,
és szól felupőled, csak hogy elfeledjed.

IT GOES ON

After dedicating the above lines
to Dante, it has finally occurred to me
to revert to established triple-rhymes
and forget about sparrows. I lean
against this convent wall, its quiet planned
with telephone receivers. I do not mean
to say, says a dead diaphragm,
I can't make contact here for years;
from the ranting of ceaseless Conversation
for once I may finally hear
the silence of As-Neither-Before-So-Thereafter:
just wait! it is this kind of affair
that leaves you and returns immediately after,
and not finding you there hurls itself where
all by itself it boomerangs back from there.
Since places never overtake it, therefore,
it is settled (or not) no place, any place,
it bugs its own over-times, for
it's restless while you're taking a rest,
and in your undividable it walks in your stead,
hoists you from the yakking of your own voice
and speaks for you just so you'll forget.

ÉS NINCS

Aki "örök dolgokban utazik",
az is panaszkodik a részletekre?
Érdekli, tényleg, "az ami lehetne"?
Elvetendőnek talál "valamit"?

Én egy verebet hallgattam, amíg
—s te is, amíg—néztünk a Saint Chapelle-re.
A felső kapu alatt szólt; csak egyre
szólt; míg a turisták hullámait

hozta az egy-embernyi csigalépcső.
E veréb volt—most, pótlólag!—a véső,
mely neked és nekem a kapubolt

ivét, pár milliméterét kiverte;
hogy legyen is mit otthagynunk örökre,
hogy ne csak azt hozzuk el, ami volt.

AND THERE ISN'T

Whoever "deals in eternal things," does he too
complain about the details? Is he
interested, really, in "what could be"?
Does he find "something" to object to?

I listened to a sparrow while—and you too,
while—we were looking at Saint Chapelle.
It sounded from the upper portal;
went on sounding; while the one-man corkscrew

staircase brought wave upon wave of tourists.
This sparrow was—we know it now!—the chisel
that knocked out for you and me a mere

few millimeters of the archway's vaulting;
so that there was something we could leave there forever,
so that we could bring away not only what was there.

"VEGYÜNK NEKI EGY ÉBRESZTŐÓRÁT . . .
Á, AZ MÁR VAN? HÁT AKKOR
EGY KÖNYVET."—"AZ IS VAN NEKI!"

Írás visszhangja csak írás lehet.
Én állandóan csak felelgetek.
Mindegy, ki érdekelt hallja a választ.
Én nem tehetek semmi mást, csupán azt.
E "csupán az", ha szólni kezdhetek,
vagyis valami olyat művelek,
ami nem válasz, csak: előre—*fáraszt*,
utólag *megröstellkedtet*, gyalázat
lesz a vége, még ha elcsitul is
előbb, mintsem botrányosan hamis
futama igazi bajba sodor.
Mintha már lettem vona valahol!
mondanám a skót viccel. Hát minek
feleljek meg, míg megfelelgetek?

"LET'S BUY HIM AN ALARM CLOCK . . ." OH, HE HAS ONE? WELL, THEN A BOOK."— "HE HAS THAT TOO!"

The echo of writing can only be writing.
All I always do is keep replying.
That someone hears my answer doesn't matter.
There's nothing else I can do, just that.
This "just that," when I have the chance to begin
speaking, what I mean is commit something
which is not an answer: beforehand *wears me out*,
afterwards *gives me the willies*. Shame, no doubt,
will be the end of it, even if it dies down
before its disgracefully out-of-tune
roulade gets me in real hot water.
It seems as if I've been somewhere before,
I'd say as a Scottish joke's punch line. So why
reply till I can come up with a smart reply?

NAGY FÉNY GYÚL
FEJEM FELETT

Egy lámpa, melyről megfeledkezem,
mert nem gyullad kapcsolója szerint,
egy lámpa, ahogy bizonyos helyen,
ahol létszükségleti szereink
feldolgozása folyik, s tárolók
találhatók, tereikben megint
újabb terek, csapok, mosogatók,
használatlan, de szép cserépedények,
melyek közé gyógyteás-dobozok
kerülnek, ahogy itt valamit épp meg
szeretnék nézni, de olyan homály van!
idegen a hely, valamit nem értek,
azt gondolom: én itt valaha láttam!
edény mellé kávét csobogtatok,
azt hiszem, nincs semmi egy sárga tálban,
beleköpöm a cseresznyemagot
reszelt sajtomba, melyre—persze! persze!—
tegnap óta vártam, kotorgatok,
szedem ki belőle a jó levesre
hagyott magot-húst, és kezd elegem
lenni magamból, engem senki erre
nem kényszeríthet! bent van a helyem
a tercinák mellett! kellett megint
mást akarnom, ilyen mellékhelyen!
még hogy létszükségleti szereink!—:
egy lámpa, mely fel volt kapcsolva végig,
csak nem működik kapcsoló szerint,
felgyúl, nagy tejfehér burája fénylik.

A LARGE LIGHT LIGHTS UP
ABOVE MY HEAD

There's a lamp I tend to forget about
because the on-off switch doesn't work right,
a lamp, that is, which is always out
in a place where the prime necessities of life
are processed, and where cabinets
can be found, their spaces sliced
into smaller spaces—and dishwashers, faucets,
unused but beautiful crockery,
among which herbal-tea cannisters
are kept—when all I want is to see
something here, but nothing's distinct!
the place is weird, it's beyond me,
once I was able to see here, I think!
I splash coffee in a mug and miss it,
I assume a yellow dish on the sink
is empty and spit a cherry stone in it,
in the grated cheese for which—of course!
I've waited since yesterday—I dredge around in it,
pick out what's left for a soup course,
and I'm just beginning, I decide,
to have enough of myself, nobody can force
me to do this! my place is inside
with the tercets! why do I have to itch
—again—for something else besides!
—that the prime necessities of life which . . . !
a lamp that's been switched on all along,
but doesn't light because of a bad switch,
lights up, its large milkwhite globe shines strong.

1976715/b—KÉTFÉLEKÉPP:
SOSEM TIÉD

Mit vásárolok meg a csendemmel,
elmaradó beszélgetések árán;
mert valahányszor telefon csörög rám,
s nem veszem fel—mert nem vehetem fel!

mert elmaradnék más egyebemmel—,
úgy érzem, mintha azonnal megbánnám,
és kezem úgy mozog, mintha tárcsáznám
az írógépen azt a nem sejtett

a) számot; s helyette csak a szótagszám
    formálódik. Ily rossz eszközökkel
    lehet-e bármi jót kimódolni? vagy

a) már azzal, hogy e rímet megváltom
    —hogy általam valami is rímel!—,
    kiérdemlem, hogy egyáltalán *hívnak?*

a) Rímpár, mintegy "beszélgető rím".

1976715/b—IN TWO WAYS:
NEVER YOURS

What do I buy with the price of my silence,
and of conversations that never happen;
for whenever the phone rings at me and then
I don't pick it up—for I can't pick it up! since

I'd get behind with other things—a sense
of regret at once comes over me, and my ten
fingers move on the typewriter as if in
a way I were dialing that inapprehens-

a) ible number; and only the number of syllables, instead,
   takes shape. With such a bad system, can it be
   I can contrive anything good? or

a) is it simply because this rhyme is redeemed
   —that anything gets rhymed by means of me!—,
   that I deserve to be called up at all?

a) a pair of rhymes, quasi "conversational rhymes."

Menj egy kicsit lefürödni, csak úgy,
ideje már lefeküdni, csak úgy,
egy kis hűvösség árad most, csak úgy,
s ha már egész nap vártad, most csak úgy

közönnyel ne fogadd, menj, s míg fogat
mosol, a fürdőszobát nyitva hagyd
mindkét felől, vizes törölköződ
akaszd ki száradni, tölts kis időt

az órák felhúzásával, a gáz
eloltásával, nézz ki, hogy a ház
alszik-e, és érezd, hogy az írógép
nem veri fel már senki éji csöndjét,

egyél meg egy hideg őszibarackot,
ne gondolj rá, hogy valaki pimasz volt,
arra próbálj gondolni, hogy *nevettél*
rajta, mert bizonyságod egyebeknél

keresed, akik egy-két jó szót szóltak,
náluk, akik valóban tudnak rólad,
s mire tisztázza, hogy mi az, hogy "tudnak",
a sötétben az ember elaludhat.

1976720/0—EVERYTHING'S CLEAR

Go take a quick shower, after all,
it's about time you turned in, after all,
it's getting a bit chilly now, after all,
and since you've looked forward to it all day, after all,

don't be so casual about it, go
and leave both bathroom doors open
while you brush your teeth, hang up your wet
towel to dry, and fill what time is left

winding the clocks and turning off the gas,
check to be sure that the house
is really asleep, and that the typewriter
no longer troubles anybody's night,

have a cold peach, don't let yourself brood
about someone during the day who was rude,
try to think that you *laughed* at him instead,
for your sense of self is always comforted

by those others who drop you a nice word or two,
those other ones who really know about you,
and by the time you've figured out what "they know" means,
you'll have drifted off in the dark to the land of dreams.

TALÁN EGY HOSSZÚ CIKLUS KEZDETE

Néha, meglepő, milyen jól megvagyunk:
az "ember" az "emberekkel"; hazajövet,
a lépcsőfordulónál, valami tragikus
esetről beszélgetnek hárman, egy
kisgyerek hallja lépteinket, ahogy
közeledünk, és azt mondja: "Már
megint jön fel valaki", és tudjuk:
Vannak ott . . . Tudjuk, és nem baj,
és bekapcsolódunk a beszélgetésbe,
és hozzászólunk a tragédiához,
személyes tapasztalatból, és
mindnyájan, *majdnem* mindnyájan
megemlítjük, hogy az *igazán* személyes
tapasztalat a fenyegető, annak pedig
még mind előtte állunk. Azt mondjuk:
abba sosem lehet beletörődni;
ilyesmit mondunk, és mindenki
hozzátesz valamit, mintha abból a Végső
Pontból, mely oly különböző életünk
egyszál-sugárvonalából áll össze valahogy,
mintha onnét egyszerre visszafelé is,
ideiglenesen is vezetne sugár,
és összefogna minket esetlegesen.
Ahogy néhány jó szó elhangzott, igen,
ösztönösen is felengedett a hazatérő,
és nem volt ebben engedékenység,
nem kellett semmit feladnia magából,
a magányából, mely mindenkié, ha
sikerül tisztázni, és akkor viheti,

IT MAY BE THE BEGINNING OF A LONG CYCLE

It's surprising, sometimes, how well we get on—
"somebody" with "somebodies"; on the way home,
on the landing at the turn of the stairs, three
people are discussing some tragic incident, a
small child hears our footsteps and says, "Someone
is coming upstairs again," and we know:
There are people there . . . We know and it's okay,
and we take part in the discussion and
put in a word about the tragic incident
on the basis of personal experience,
and we all of us—*nearly* all of us—
remark that a menacing thing is a
truly personal experience but one that
none of us has had so far. We say:
one can never really come to terms with that,
and that's the way we talk and everyone
has his say, as if from that Ultimate
Point which somehow converges from the
single rays of our widely divergent lives,
as if, from that place, simultaneously, a ray
were directed momentarily in reverse,
and this would bind us together by accident.
As two or three nice words had been spoken, yes,
the homecomer instinctively relaxed,
and it was not submissiveness, there was no need
to renounce anything of his own—his loneliness
which is everyone's if one is successful at
clearing things up, and then one can bring it off

nyugodtan . . . Talán egy hosszú ciklus
kezdődött itt a lépcsőfordulón,
gondolja, és siet, hogy megveszteget-
hetőségével maga legyen; elköszönnek.

tranquilly . . . Maybe a long cycle
had begun there on the landing, he thinks,
and rushes off to be alone with his corrupt-
ability; they say So long to each other.

A cserepes növények földlabdája
úgy megtelhet vízzel, ha túl sokat
öntözzük, hogy a gyökér lerohad,
s mikor már kellene, nem bír magába

fogadni új nedvességet. Még jó, ha
átültetéssel segíthetünk, vagy
vízbe helyezve megél az inda.
A kavicsok a polcon mindig száraz,

poros tapintásúak. Két, mintegy
tenyérnyi—kis tenyérnyi—kavics van
itt szemközt, cserepek közt, befőttes

üvegek közt. Finisterre-ből jöttek.
Az Atlanti óceán nem mossa
őket többé. Néha megfürdenek.

The soil surrounding potted plants can get
so saturated if we water them
excessively, that the root rots and when
it ought to it is already too wet

to absorb more moisture. It's a stroke
of luck if transplanting it helps, or, soaked
in water, the sarmentum survives.
The pebbles on the shelves are always dry,

dusty, to the touch. There is a pair
of more or less palm-size—small palms—pebbles
among herb pots and fruit jars on the other side

of the room. They came from Finisterre.
They're no longer washed by the tides
of the Atlantic. They get a bath now and then.

1977 12/f

Tudom, valahányszor a csontomat
röntgenezik ezentúl, arra fogok
gondolni, hogy *most egy kalapból húzok,*
melyben két lap van . . . Hogy miért kalap?

A lap a fontos! Csak az a két lap:
élet és halál, mondom most; nem tudok
—nem is akarok! míg vajas pirítóst
vacsorázunk!—pontosabb szavakat.

Lap, kalap, élet, halál, lap, kalap,
vacsora, csont, vajas pirítós, szavak,
ezentúl, valahányszor, fontos, tudom:

szavak csupán. A vajas pirítósom
egyelőre mindennél pontosabb.
Egyelőre, minden, pontos; szavak.

1977 12/f

Now I know, from here on in, each time
my bones are about to be x-rayed, I'll think that
now I am drawing lots from a hat
which contains two cards . . . From a hat? Why?

It's the cards that count! Just those two cards:
life and death, I'm saying; I can't—what's more
I won't—while we're having buttered toast for
supper!—use more accurate words.

Hat, cards, life, death, hat, cards,
supper, bone, buttered toast, words,
from here on in, each time, counts, I know:

just words. My buttered toast for
the moment is more accurate than anything.
For the moment, anything, accurate; words.

II

VAN GOGH KÁVÉHÁZTERASZA

Kell ilyen túl szépen is néha
egy ilyen utca, mint ez a kávéházteraszos;
bár a ponyva iszonyúan sárga,
és a fal meg pár ajtókeret koszos;
az ég külön szakadék-életet él,
de azért kávéház-csillagos.
Mi az a zöldes fény ott jobbra egy ablak
meg egy ajtó mögött: bolt lenne?
könyvesbolt, és valaki, aki mindjárt
leül itt a teraszon, áll benne?
áll benne, igy, mert mintha üres kocka
lenne a bolt, s válaki kijönne.
Átvágna a kövezethullámzás
máris kávéház-fényein;
helyet foglalhatna a falnál, a köveken,
a dobogón álló asztaloknál, kedve szerint;
és ha már járt volna itt, egyszerüen
erre a teraszra ülne ki megint.
Egy ág lóg be zölden ugyancsak jobbról,
és a sárga ponyva fölött csend van;
manzárdablak-csend, de még barnás
fények látszanak néhány ablakban;
járókelők jönnek, vagy csak elhaladnak
a terasz előtt, párosan, magányosan.

VAN GOGH'S COFFEEHOUSE TERRACE

Such a prodigally beautiful street as this
with the coffeehouse terrace is sometimes necessary,
though the awning is frightfully yellow
and the wall and some of the door trims are dirty.
The sky leads a separate cliff-like life,
but, even so, it is coffeehouse starry.

What is that greenish light to the right
behind that window and door? Could it
be a shop, a bookshop, and someone who soon
will be sitting at the terrace is standing in it?
—standing as if the shop were an empty cube,
and he'd be coming out of it in a minute?

He would cut across the pavement-waves, which now
appear to be coffeehouse lights; and then
he could sit down near the wall or on the stones
or at one of the platform tables, whatever his whim.
And if he'd been here before, he'd simply
be sitting out on this terrace once again.

A branch hangs greenly in from the right,
and there's silence above the yellow awning,
the silence of attic windows; nonetheless,
there are lights still in some of them, mostly brown.
Passersby come and go, or just pass by
in front of the terrace, in couples or alone.

Talán vett volna egy könyvet,
aki az egyik asztalhoz ül;
talán kiszámitotta, hogy itt
egy ez-meg-az mennyibe kerül;
talán holnap továbbutazik,
és választ egy széket búcsúhelyül.

A terasz nem ismer ilyen érzelmeket,
de alkalmasan használható;
a ponyva túlsó fényeit
földközellé dolgozza át a dobogó;
és vajon ki szélsőségesebb, egy
ittlakó, vagy egy továbbutazó.

A sötét házak nem adnak választ,
mert ilyet senki se kérdez tőlük;
a megszemélyesítés felesleges,
csak épp a feleslegesből győzzük;
aki itt ül, senkit se ismer,
nem kell bújkálnia előlük.

Jó lenne lefeküdni, holnap
majd érezni fogja, és mégse mozdul;
mert a személytelenités is minek,
hogy aki itt ül, itt marad teraszostul;
eltelnek a nappalok és az esték,
átlógnak egymásba jól vagy rosszul.

Kellene még inni valamit,
de minek kellene inni még-már;
ha most olyasmi gondolható,
hogy jó annak, aki itt csak sétál;
nem "Van-Gogh-Teraszára-Ül"-e,
aki maradna ott, ahonnét odébbáll—?

Perhaps the person who sits down at a table
would have with him a book bought at the store;
perhaps he has passed his time reckoning up
just how much this or that thing comes to here;
perhaps tomorrow he continues on his journey,
and what he's come to choose is a farewell-chair.

The terrace has no knowledge of such feelings
but lends itself to what one wants to do.
The platform makes the lights beyond the awning
take on something of an earthy hue.
And I wonder which is more extreme, a
local person or one just passing through.

The dark houses don't provide an answer,
since no one ever asks them such a question.
Personification would be superfluous; still,
we've enough of superfluity to spend some.
The man who sits here doesn't know a soul;
there's absolutely no one he has to hide from.

He'd better call it a day, turn in; tomorrow
he'll feel it—yet he doesn't stir;
because dehumanization—that is to say,
that he who sits here stays with the terrace forever—
is superfluous too. The days and nights
roll on and on and randomly lap over.

Also, one ought to have another drink.
But start again? continue? for what reason?
If one can think that the person who just meanders
about this place finds it in a measure wholesome,
isn't that person "Sitting-at-Van Gogh's-Terrace"
who *wants* to stay where he has to take to his heels from—?

69

Monet Kepe

Jobbról egy—úszó?—terasz,
róla palló a kerek
szigetre, és ugyanaz
—palló—bal felé is össze-
köti a parttal a helyet,
mely, átmérőre, talán
három ember-hossz lehet.
Elöl csónakok farán
okker, kék, fehér, sötétes
hullámok lassan, simán
kettéválnak, jelöletlen,
igy érnek a képszegélyhez.
A háttér, szokásosan,
folyó-túlpart, fényesebb víz,
mint az elénkbe-sötétlő,
melyen az iménti, fénylő
hullámok oly villogón
feketéllnek már, olaj-
simán domborulnak, ón-
ejtésnyileg pontosan
metszik, mellesleg, az árny-
teraszt, a jobb-fenti mását,
az árnytér mellett tehát
és a nyilt-fény sávon innen,
oly higgadt-világosan,
mintha a szigettől át s át
négyszin-lassú dominót

Monet's Painting

To the right a—floating?—terrace,
from it a plank to the cir-
cular island, and the same again
—a plank—links the bank on
the left to the place which
from its diameter may be thrice,
maybe, the length of a man.
In the foreground, on sterns of boats,
ochre   blue   white   dark
waves   slowly   smoothly
separate   indistinguishable—thus
they touch the edge of the painting.
The background, as usual, is
the opposite bank, with glossier water
than that darkening toward us,
on which those first bright waves
glisten so black now   swell
oily-smooth   intersect with
plumb-line precision   casually
the shadow-terrace (duplicate
of the one on the right), in short
adjoining the shadow-space and
this side the stripe of naked
light, so serene and lucid—as if
over and over from the island
they were throwing slow
four-color dominoes,

vetnének, okker-fehér-kék-
-sötétest, s mintha helyek
jönnének helybe, kivétképp:
tartózkodásunk elérjek,
elérjék valami mód.

ochre   white   blue
dark   and as if places
were coming to this place,
to arrive where we are,
to arrive here   somehow.

Renoir képe

Itt kissé közelebb kerülünk a kerek-szigetünkhöz,
látjuk is oldal-deszkáit, körülöttük a pántot
vagy mit, s csaknem biztos már: *úszó* a terasz; de
hol van a biztonság, mit a hullámzás közelítő
fénye-se-árnya-se-fénye adott, együtt az a fém-fény,
mely már túl a hevitő nap jótételein, nem
kiván mást, csak hogy nem kiván mást, ugyanazt s csak.
És ne tagadjuk: más képén Monet is Renoirhoz
szinte-hasonló mód festette fakóbbra a témát;
és ha igazságosságunkat még-tova vinnők,
meg kell adni amott Renoirnak a kis sziget és egy
csónak közt *Monet fényét*, mely ott: csak Renoiré!
És a fakóbbas, zsúfoltabbas más Monet-ily-kép
sem marad el maga vagy ki mögött se; az ősz közelebb ott,
vagy csak a mindent sűritő alkony szine barnább,
barnább, mint ha delek fényén ring csak *hiedelme*.

(A *La Grenouillère* című képek után)

Renoir's Painting

Here we come a little closer to our circular island;
we see its side-planks, encircling them the band,
or whatever. And it's all but certain now: the terrace *is* floating.
But where is the security afforded by the waves' approaching
neither-light-nor-chiaroscuro, together with that metallic sheen
which, beyond the burning sun's benefactions, does not want
anything else, absolutely does not want anything else, only that.
And let's face it: in another painting of his, Monet too,
in a nearly Renoiresque manner, painted the subject more muted.
And if we wanted to carry our evenhandedness even further,
we'd have to admit that Renoir, there between the small island and
a boat, has *Monet's light*, which—there—is only Renoir's!
And the other more muted and congested painting by Monet
does not play second fiddle, to him or anyone else. Autumn is
      nearer there,
or it's only that the all-condensing twilight is almost browner,
browner than if its *make-believe* only swung on the light of noons.

(After the *La Grenouillère* paintings)

75

SEURAT: KÜLVÁROS

A kihamvadó lila-kék ég
téglafala előtt a házak
már ellenanyag termelését
kezdik e képen, formaságnak
tüntetik fel színük feherét,
háttérül egy rigó dalának,
mely unott-formán happogatva
csőrét, tyül-tyol az alkonyatba.

Mintha ritka alaku teknőt
formálna az egyik fehér folt,
trapéz-szerűt, derékszögellőt
egy-félen, de balról a két, volt
micsoda is, sakktábla megtört
sarkát idézi, s mintha lé folyt
volna e teknőzetbe, mélyebb
kék-lila válfaja az égnek.

Merevedő egek, kövekből
képlékenyült ég-állagúság,
és a rigó-tyül-tyol, mely ebből
unott-formán ki-folyosóját
formálgatja, és a teret föl-
tárnázva igy, a hallgatóság
számára mégse ad egyébről
hirt, mint a rigók énekéről.

A láthatón a láthatatlan
így, vagyis hogy is, jut teréhez,

SEURAT: THE PERIPHERY

Before the brick wall of the gutter-
ing violet-blue sky, the houses now
begin to turn out anti-matter
in this picture: they show
their whiteness only as formality,
as a foil for the song of a thrush,
which in a listless way, gaping, thus
tweet-tweets into the dusk.

It's as if one of the white
patches formed a tub of unu-
sual shape, trapezoidal, with right
angles on one side, but the two
whatevers on the left bring to mind
a broken chessboard, and as if into
this tub had leaked some liquid, a sky
of a deeper violet-blue kind.

The stiffening sky, the sky-matter
plasticized from stones,
and the thrush's tweet-tweet that
from it in a listless way forms
its outer corridor, thus split-
ting the space in shafts, do not bring
news for the audience of anything
except for the thrush's song.

The invisible thus makes headway
against the visible, but how, and this

s olyan ez, mint ha egy lakatlan
ház a hajléktalannal érez,
olyan, azaz milyen is? Abban
a folyosóban messze érhetsz,
mert mindegyre körébed omlik,
ha a hang némul egy rigónyit.

Így lakni lenne jó akárhol,
igy jutni bárhonnét hová is,
így, hogy ha-mint, senki se másol,
csak úgy *van* egy-füttynyire más is,
én ezt Seurat külvárosától
alig ellestem, már tovább is
adom, mintha beomlana
ez itt, mint a rigó dala:

Mint legképlékenyebbjeink,
a szinte képzelt légi lények-
ből szálló Láthatatlan int,
mintha ők, s kik ők, intenének,
s mire intenének? Megint
eddig jut csak valami ének,
megint ki nem derül, miért szólt,
és kevesebb, mint amiért volt.

is as if an empty house had sympathy
for the homeless, it's like this,
but what is it like? You may
travel a long way in that corridor
because time after time it crumbles
when the sound drops off a thrushful.

To live like that would be good any place,
to get like that from anywhere to where
in an if-as style nobody imitates;
and for a whistleful there's another factor
—I learned it in a roundabout way
from Seurat's periphery, and I pass it on
at once, as if this one I'm working on
could cave in like the thrush's song:

Like our most plasticized ones,
the Invisible, effusing from the so-to-say
imagined aerial beings, warns us,
as if they, and who are they,
warned us, and against what would they warn us?
Again, only some song can get this far,
again why it sounded won't be any clearer,
and it's less than what it was meant for.

A szelídnek látszó előtér,
mely a kép al-sávját betölti,
s mintha hullámozna, a gyömbér-
sárgás, zöldes, piros-fehéres,
kékes-virágos, napsütéses
dombtáj, és szinte egybeölti
egy-egy szinpontja ezt a száraz
földet a víz-síkkal, akár az
alsó bal sarokban, a fönti
íven csakígy: az enyhe táj, az-
az amit így már mégse képes
látni a szem, felszökken és egy
végleges, fél-kúp, félbetört, vér-,
véralvadásárnyszín-sötétes
metszésü, ám íves falán gaz
s virág, fű s bokrok mind-előbbi
szinhalmazát tengerhez-éghez,
ezek horizontvonalához
emelő sziklatömbbe tör ki.

Csupa ormótlanság a kép;
gyengédségeinkhez nem illő
elemeké. A kiszögellő,
hegy-forma sziklafok, a két-
felé osztott víz-sík, az égen
távoli szigetként, egészen
aránytalanul épp ezért,
az alzat-szín, a mind-e-földi,
mely más-kép-helye levegőt ér

SEURAT: THE "BEC DU HOC"

The seemingly placid foreground
which fills the bottom of the picture,
as if billowing, the ginger-yellow,
greenish, red-whitish,
bluish-flowery, sunny
knolls and their color-dots,
almost fuse this dry land
with the water-plane, as in the
lower left corner and the upper
arc; the gentle landscape, i.e.
what the eye can no longer see
as such, shoots up and breaks out
into a finite, half-cone, half-
broken, blood-, bloodclot-shade,
darkishly etched (yet with weeds
and flowers on its arched wall)
escarpment—lifting the above-
mentioned color-clumps of grass and
shrubs to the horizon of sea and sky.

This picture is pure awkwardness:
of elements not befitting our
tender feelings. The protruding
mountain-shaped cliff, the water-plane
divided in two as if by a distant
island in the sky, are entirely
disproportioned; consequently,
the bottom-most color, all this earthiness
that belongs in the air of some other picture

ott, ahhoz a madaras éghez
emelve, s a fok, mintha támasz
lenne, maga a tömbje, mégsem
támaszkodik rá víz se, ég
se, és ha megvan is a kellő
érintkezése mind a kettő-
vel, nem ott van, ahol e képen.

A látószög önkényese
enyhíteni nem is kivánta
ezt a hatást. Az öt madár, a
pár vitorlás, ahogy ide-
oda cikázik jobbra, fönt
s balra, ezt a sziklaözönt
s vízpusztaságot tagolásra
nem méltatja, nem is reméli
így-létező soha a térnyi
érvényt változtathatni, járva
vizét-levegőjét: Seurat
épp csak utal e szárnyasokra,
vonatkoznak a sziklafokra
ők is, mint apró-tagolása
annak, amit a víz a fény ki-
szökkenéseivel a tájba
iktat, megannyi testtelen
visszatűnő pontozatot,
mely mégis mind érvény-elem,
mint madár, csónak a Bec du Hoc.

És amig itt erről beszéltünk,
történt-e valami egyéb?
A sziklafok, teljes terét
kitöltve, igy—van. Belenézünk
most az al-sáv fölött a képtér
árnyvéralvadtszín közepén tűnt

as it rises with birds to the sky,
and the promontory, appearing in
its mass like a buttress, although
neither water nor sky are leaning
against it—even if it had the requisite
contact with both, still neither
would be where it is in this picture.

The arbitrary angle of vision
did not mean to blunt the intended
effect. The five birds, the
couple of sailboats zigzagging back
and forth on the right, above,
and on the left, do not address
the proportions of this flood of rocks
and wasteland of water; nor do they
hope, traveling its water and its air,
ever to be able to change
its spaceful of validity. Seurat
barely alludes to these winged things;
they too *relate* to the cliff
as tiny articulations of what
the water by the light's protrusions
incorporates in the landscape, the innu-
merable bodiless dots coming in view,
which after all are all validity-elements,
like the birds, the boats, and the Bec du Hoc.

And while we've been talking of this,
has anything else happened?
The cliff, filling its entire space,
therefore—is. We look now,
above the bottom band behind
the softness of the knoll in the
shadowbloodclotcolored center of

domb-enyhület után a szép, mély
szakadékba: mert szép e forma,
a lilás-kékbe-fojtva-barna
óriásfolt, a tört sziklatömbfal,
melyet nem ér a képen itt bal-
ról tűző nap: és a szelid
hullámtáj is így közelít
minden foltnyi piros-fehérrel,
kék-zöldjével, gyömbérésével
egy oly hirtelen térelem-
-váltáshoz, mely látványosabban
épp szemközt, Bec-du-Hoc-alakban
mutatkozik, és idelent,
a kép aljában ez az enyhe
terep éppúgy egy leszakadt
folytonosság még szelidesre
növényzetezett héja csak,
ahogy a fok, föjebb emelve,
tiszta típusként, változat-
-voltát nem leplezhetve áll.
És nem is szánt neki jelentést
Seurat, egy megoldott jelenség
csak együtt-létek része már—:
vagy mint zárt öklön egy madár.

the picture-space, into the beautiful
deep chasm: because it's a beautiful shape,
—the purplish-blue-stifled-brown
giant splotch, the broken escarpment,
which the sun blazing in from the left
does not touch; and the gentle
wavescape as well, with each splotch
of white-and-red, blue-and-green, ginger,
thus comes close to such an abrupt
change of the space-element
which shows up more showily
just opposite, in the Bec-du-Hoc
conformation, and down here,
at the lower part of the picture,
this genial terrain is as much the
still gently verdured rind of a
tumbled-down continuance as
the cliff itself is, higher up,
purely archetypal, disguising
nothing of its identity.
And Seurat did not assign a
meaning to it; a settled phenomenon
is only a part of what co-exists—:
or like a bird on a clenched fist.

CAMILLE PISSARRO:
RUE D'AMSTERDAM—1897

Esik a rue d'Amsterdamon.
És mintha a nap sütne közben,
bokáig-vizet fény füröszt lenn,
szines házfal-maszatokon
átüt a tündöklés, melyet
a vakolat rejt, most lemossa,
formálja gyurma-állagosra
az eső a felületet.

Élnék én ott örök-esőben,
C. úr, ha képeknek hihetnék,
legboldogabban integetnék,
ha egy sárga-piros, tetőtlen
kocsi csak továbbhajtana,
annál tovább áznék a rue
d'Amsterdamon, fürdetne hű-
vös fényvíz beltérárama.

Ha tudnám: *van* tündökleti
tartalékom, mit oly anyag rejt,
melynek külszínétől e-szent-helyt
szabadíthatnak csöppjei
akárhol zúduló esőnek,
kimennék az utcára, itt
—amíg rám!—ugyanúgy esik;
de eláll. Rácsukom a könyvet.

CAMILLE PISSARRO:
RUE D'AMSTERDAM—1897

Rue d'Amsterdam is awash with rain.
Meanwhile, as if the sun shone bright,
the ankle-deep water is bathed in light.
Through the house-walls' multi-colored stains
a radiance, hidden by plaster, penetrates.
Now the rain washes away,
pugs the surface into a gray
clay-like plasticine state.

I'd love to live there in eternal rain
if I could only believe the paintings, Mr. C.
I'd be most happy to wave if only
an open yellow-red cabriolet
drove by—though I'd end up that much wetter
the longer I stayed there waving in
Rue d'Amsterdam, bathing in
the cool inner stream of light-filled water.

If I knew that I really *had* a cache
of radiance, only hidden by
some substance from whose surface I
could on the spot be freed by a splash
of pouring rain—if that's what it took,
I'd step out into the rain forthwith
as long as it rained on me just like this.
But it will stop. I close the book.

UTRILLO:

"LA BELLE GABRIELLE"

Nem maradt egész egyedül. Piros.
Ott álltak mellette, zöld, a jószívű
kocsmárosok. Szürke. Gay apó, a "Casse-
-Croûte" gazdája, sárgás-lila, és Marie
Vizier, a "La Belle Gabrielle" tulaj-
donosnője. Kék, fekete. Mindketten
szerették a bolondos, józanul kedves és
gyermeteg kedélyű festőt. Olajzöld. Ha
egyedül maradt, fehér, és sem festeni, sem
inni nem volt kedve, malaga-szin, plüss-
mackóval meg kisvasúttal játszott. Berlini
kék. A két kocsma valamelyikének hátsó
szobáiban töltötte ideje nagy részét. Barna.
Nem járt ki festeni; égszínkék és narancs;
tudta, ha kimegy az utcára, előbb-utóbb
felönt a garatra, rózsaszin, kötözködni kezd
a járókelőkkel, zöldes-fehér, és ilyenkor
mindig ő húzza a rövidebbet. Fekete. Postai
levelezőlapokat vásárolt, és gondosan fel-
nagyította őket. Sárga, pirosas-lila, zöld.
Mivel, fehér, olajbarna, nem részesült alapos
képzésben, "fejből" nem tudott festeni, kármin,
szüksége volt a látványra vagy a látvány
pótlékára, narancspiros, a képeslapra. A
színeket azonban—piros, szürke, zöld,
fekete, fehér, barna, sárga, narancspiros,
pirosas-lila és a többi—maga költötte
a szürke, fehér, kék, kármin fotográfiához.

UTRILLO:

"LA BELLE GABRIELLE"

He was not left completely alone. Red.
There stood beside him, green, the good-hearted
innkeepers. Gray. Uncle Gay, the "Casse-
Croûte" 's owner, yellowish-violet, and Marie
Vizier, the proprietor of "La Belle
Gabrielle." Blue, black. They both
loved the eccentric, soberly decent and
childlike painter. Olive-green. When
he was alone, white, and didn't feel like
painting or drinking, sherry-color, he played
with a teddy bear and a toy railway. Prussian
blue. He spent most of his time in the back
room of one or the other of the two inns. Brown.
He didn't go out to paint; azure and orange;
he knew if he went into the street, sooner or later
he'd have one too many, pink, would pick a quarrel
with the passersby, greenish-white, and at such times
it was always he who came in second. Black. He
bought picture postcards and carefully en-
larged them. Yellow, reddish-purple, green.
Since, white, olive-brown, he hadn't received a thorough
training, he couldn't paint "from memory," carmine;
he needed the sight or a substitute for
sight, orange—the picture postcard. The
colors, however—red, gray, green,
black, white, brown, yellow, orange-red,
reddish-purple, and so on—he himself superimposed
on the gray, white, blue, carmine photograph.

CLAUDE MONET TERASZA LE HAVRE-NÁL

A teneger, palackzöldül és
üvegzöld-hullámosan egy kis
vitorlással, mely feketés
vásznakat domborit, vetekszik
a víz, a fény, teljesre metszik
a teraszt, és egy illető
érzi: ez csas őt illető
egy-szék-föld-ég *plein air*-ülés.

Két zászló lobog be az égbe,
melynek alján hajók sora
füstöl, piros a keritése
a terasznak, az ajtaja
magasabb, és rácsozata
mögül palack-hulláma-tenger:
víz-tér plein air föld-tér plein air-rel
aprószemezget, egybeérve.

Korlát alacsonya előtt
bokorzöldek, egy férfi s egy nő
áll és beszélget fénynyelőbb
barnában és sárga napernyő
alatt, külön-külön e kettő,
labdabokrok virítanak,
a piros keritésre csap-
nak virág-plein-air-fénytörők.

A nap a vitorlás mögül süt,
így szögell feketén a három

CLAUDE MONET'S TERRACE AT LE HAVRE

The bottle-green glass-green wavy sea,
with a small sailboat, its blackish sheets
puffing out in the breeze.
The water and the light compete,
carve the terrace so it seems complete.
And someone feels: this one-chair-
earth-sky *plein-air-*
seat is reserved for me.

The sky: two flags flap
into it, under them a num-
ber of smoking boats. The latticed
terrace-fence is red, and from
behind it and the taller door: the open
bottle-wavy sea. The area
of the water plein air and the area
of the earth plein air overlap.

In front of the low fence
are shrubs and a man and woman who
stand and chat in the dense
light-eating brown under a yellow
parasol. They're apart, these two.
Ball-bushes bloom resplendently, the
flower-plein-air-light-re-
fractions strike the red fence.

From behind the sailboat
the sun is shining, so the three

apró vászon, s el ne felejtsük,
közelebb nap-ernyője-vászon
alatt ül még, vállát ha látom,
egy negyedik jelenlevő is,
a székek váza ívelő, friss,
s áll, ül, van, fut plein air-ben együtt

ez mind, és balról fúj a szél,
és a zsászlók belelobognak
a most semmitmondóbb-szegély
messzi-égbe: ami ragyogtat,
az a ránk nyíló, alakoknak
könnyűségéből tömbösült ég,
az a láthatatlan üdült lég-
telj, hol plein air-ben összeér,

amit mind e nyíltság különmetsz,
jobbra, már kapu-folytatásul,
a kerités sűrű piros léc,
lazán zárul, feszesre tárul
a nap ernyője, folytatásul
lobog, nyugszik egymásba minden,
mintha sosem fogyhatna innen
a plein air, mely vakon fölül lesz.

tiny sails look black. And don't forget
that nearer, under a parasol, barely
visible—I can faintly see
her shoulder—a fourth person sits there.
Freshly the frames of the chairs
arch. And in plein air all these sit,

stand, exist, run, together.
The winds blow from the left, the flags flutter
into the now insignificant border
of the distant sky: what makes them glitter
is the block of unfolding sky-matter
formed of the figures' weightlessness:
that invisible, full, refreshed
air where it meets in the plein air;

which all this openness to the right
slices apart, like the fence with its
close-set red slats continuing the gate,
which closes loosely; the parasol flips
tautly open, and everything flutters, fits
into everything else, continuing as if
this place would be filled forever with
plein air, which above will be out of sight.

NÉGY VÁROS-TANULMÁNY

1. *(A filozófus és a festő)*

". . . Termeszetünknél fogva képesebbnek
érezhetjük magunkat, hogy a dolgok
középpontjához eljussunk; alig
remélhetjük, hogy kerületüket
átfogjuk; mert a világ látható
kiterjedése kétségtelenül
meghalad bennünket. Mivel azonban
a kisebb dolgokat meg mi magunk
haladjuk meg, azt képzeljük magunkról,
könnyebben meg tudjuk ragadni őket:
jóllehet semmivel sem kevesebb
kepesség szükséges a semmiig,
mint az egészig való eljutáshoz—
végtelen nagy kell az egyikhez is,
másikhoz is. Véleményem szerint
az, aki érteni tudná a dolgok
végső elveit, képes lenne végül
megismerni a végtelent is. Az
egyik a másik függvénye, az egyik
elvisz a másikhoz. E végletek
érintkeznek, s egymástól távolodva
találkoznak megint, egymásra lelnek,
de istenben csupán," ezt mondja Pascal.
Sziklatömbön tagoltabb tömbök: ez
a Kikötő, és emeletnyi vásznak
húznak el, közelebb, a távlatot
kereső szemet megtévesztik, ám
ezt a találkozást elősegítik.

94

FOUR CITY-STUDIES

1. *(The philosopher and the painter)*

". . . By virtue of our nature we may feel
more capable of reaching the center
of things. We can hardly hope
to embrace their circumference,
because the visible extent of
the world unquestionably
surpasses us. Since it is we,
however, who surpass the smaller
things, we suppose ourselves
more capable of grasping them:
though no less ability is needed
to arrive at nothing than
to arrive at the whole—
infinitely great ability is
needed for both. In my opinion,
he who could understand the ultimate
principles of things would be able,
ultimately, to know the infinite. One
is the function of the other, one
leads you to the other. These extremes
touch each other and, separating,
meet again, find each other,
but only in God," says Pascal.
Highly articulated blocks on a cliff: this
is the Port, and canvasses one story high
go by, nearer, deceiving the
perspective-seeking eye, though
facilitating this encounter.

2. *(A festő és a filozófus)*

Lejöttünk a Vár oldalán, cz a
Kék Városban történt; megfordulunk, és
ott állunk a Fasorban, visszanézünk,
innét még fellátni a Palotára,
és kis betűvel vagyunk, mint a fű,
melybe egy régi vers szerint veréb
kapaszkodik a közelgő vihar
clőtt; és aztán a Termek megint,
magányosan, fényben és fulladozva
a Kék Város páráitól. A kocka
a Piros Várost egyszer már kidobta,
aztán verebek miatt itt maradtunk
arra a két hétre is. Az idő
kisebb végtelenje is átszitál,
és így találjuk magunkat utak
szélén, félreállunk a busz elől,
az alkalmi temetkező-helyek,
emberek s madarak emlékei,
alattunk-felettünk, s ahogy a képek
—a Képek—valamelyest a mi csendünk
s távolodásunk s közelünk terét is
elmerítik (miben? vagy megmerülnek,
vagy megmerítenek, csendünkkel és
távolunkkal, mely térben is, füvek
s verebek által itt és hajdani
versekben egyképp: kalligráfia?),
idézzük: "Csak bármikori szavakkal
éltem, mondják ezt rólam: 'régiekkel'—
mintha az azonos gondolatok nem
adnának megint más elrendezésben
ugyanúgy más szöveget! mint ahogy
azonos szavak is megváltozott

2. (*The painter and the philosopher*)

We came down Castle Hill—this happened
in the Blue City; we turn around and
stand there in the Avenue, we look back.
One can still see the Palace from here,
and we're in small letters like the grass,
which, according to an old poem, the sparrow
clings to before the approaching
storm; and then the Chambers again,
solitarily, in light and choking
in the Blue City's fumes. The dice
once pointed to the Red City, but
because of the sparrows we stayed here
for that fortnight too. Time's
smaller infinity sifts us, and so
we find ourselves at the curbs
of roads, standing clear of the bus,
the occasional burial places,
memories of men and birds beneath
and above us; and while the pictures
—the Pictures—somewhat immerse the space
of our silence, of our withdrawal, and of
our closeness (in what? either they submerge
or they submerge us, with our silence and
distance, which in space, by means of
grass and sparrows, here and in old
poems alike, is what? calligraphy?),
we quote: "I have lived with words from
whenever, they say of me 'with old ones'—
as though identical thoughts did
not produce another text in
another arrangement! as
identical words in a changed

elrendezésben más gondolatot
fejeznek ki. Mert *ugyanaz* a labda,
amivel a labdajátékosok
játszanak, a különbség ennyi: az
egyik *jobban helyezi* másikánál."
Aztán egy szint felett nincs is "különbség."
Ám ezt már csak ott tudjuk meg *valóban*.

arrangement express another
thought. Because the ball
the players play with is
the same, the difference being: one
of them *places it better* than the other."
Beyond a point, thereafter, there's no "difference."
But we learn this only there *for sure*.

3. *(A filozófus)*

"Lelkünk hozzászokott a tér, a mozgás
látványához, hisz benne, esakis ebben.
Ha látjuk, hogy valamely esemény
mindig egyformán bekövetkezik,
óhatatlan ott érezzük *középen*:
állapotunkként. Hanem a szokás:
második természet, eltörli az
eredetit. Ugyanakkor: mi a
természet? Ha nem maga a szokás; és
így tovább. Így, hogy semmi sincs, amit ne
tudnánk természetünkké tenni; nincsen
semmi olyan természetes, amit
ne tudnánk elveszíteni. Siralmas
látvány, ahogy az emberek csupán
az eszközök, sosem a cél felől
döntenek. Az előítéletet
követik, mert beléjük nevelődött,
hogy 'ez a legjobb.' Ez determinál
kit-kit 'foglalkozóként.' A vadak
így nem tudnak mit kezdeni Provance-val."
(És onnét, sajnos, a mi eleink is
visszafordultak. Ez is kitekintés.)
(Kinézünk a vári kiállításról.)
"Legalább nem az öncsalás hibája."

3. *(The philosopher)*

"Our soul got used to the sight of space,
of movement, believes in it, in nothing else.
When we see that any occurrence
always comes about in the same way,
inevitably we perceive it there *in the center*,
as our condition. But habit,
a second nature, obliterates the
original. At the same time, what is
nature, if not habit itself? and
so on. Thus, as there is nothing that
could not become our nature, so there
is nothing so natural that we
could not lose it. It is a deplorable
sight that people make their decisions
out of concern for the means, never for
the ends. They are guided by
prejudice, because it was instilled in them
that 'this is the best.' This determines
one's occupation. Thus the savages
don't know what to do with Provence."
(And our forefathers too, sad to say,
came back from there. This also is an outlook.)
(We look out of the exhibition in the castle.)
"At least this isn't the fault of self-delusion."

4. *(A festő)*

A rétegződés: bármikori. Két tér
adódik a középen kétfelé
osztva kivetített kétféle színből
is. Az egészen apró horizontok
a levegő öblein átderengve
hozzáadnak még egy harmadikat:
a lehetőségét. A tagozódás
illúziója annyira valóság,
hogy az előteret is szintezik
vonalai, ám a dinamikus
mozgást így csak a teljesebb egészbe
oldják, melyet nem tol el egy irányba
mégsem ez az előjáték. A város
egy-egy tömbje: képletes Babylon;
tövében felhőkarcolók talán,
s mekkorák lehetnek az emberek,
mekkorák a verebek, és a fű
mekkora? Talán csak hogy elviseljük
e tudatot, válik mozgalmasabbá,
kinagyítássá a több-láthatárú
közép itt. Lobogók, benzinkutak:
jelzet mind. Egyik part-sor se valódibb
a másiknál. Mind egyképp lehetetlen,
ha elfogadjuk a részleteket, mind
ott dereng a részletek láthatárán,
a nagy meder két óceánhatárt
köt össze, fiziognómiaként.
S én: csak egy szempár, fejjel lefelé
kinézek kék ablakomon, s a kép
visszanéz régebbi olvasatával,
s mintha lobognék a piros-fehérben.
És Verne Gyula, s "A francia zászló."

4. *(The painter)*

Stratification: whenever. Two spaces
occur, divided in two in the center,
in two projected colors.
The extremely tiny horizons
glimmering through the pockets of air
add to them a third one:
that of chance. The illusion of
division is so real that
the foreground too is stratified
by its lines; however, they dissolve
the dynamic movement into a fuller whole,
which is nevertheless not skewed in any
one direction by this prologue. Each block
of the city: a symbolic Babylon;
at its base skyscrapers, perhaps—
and how big can the people be,
how big the sparrows, how big the blades
of grass? Perhaps only to make this
awareness tolerable, the multi-horizoned
center here becomes more animated,
magnified. Flags, filling stations:
all symbols. No shoreline is more real
than any other. All equally impossible
if we acknowledge the details; all
loom vaguely there on the details' horizon;
the large ocean bed ties two shores
together, physiognomy-like.
And I: only a pair of eyes, upside-down
I look out of my blue windows, and the image
looks back with its old reading,
and as if I were fluttering in the red-and-white.
And Jules Verne, and "The French Flag."

A HÍRANGYAL

Az angyal, aki nekünk hireket hoz
—s miről hoz híreket, s kinek, s ki ez—,
meglobogtatja, ami nem lehet rossz,
minden kiadása kivételes.
Főleg az állványzat rendkívüli,
mintha röpítené az eseménysor,
minden hír az angyallal van teli,
száll a földet érő lábtól a lény-por.
A pestis ily vonzó sohase volt még,
üzenet jön Camus *Idegen*-ének,
hogy vizjelévé feketül a holt lég,
csigavonalak és keresztek égnek.
És kecses, mint a sose-volt divat,
és mozgásában színpad-röpte-sport van,
és zörömböl, susog—most védd magad,
lásd, kényes igazság lehetsz a porban—:
lásd, kegyes hazugság, izzítható
és hűthető, mint leng az égiekkel,
és mozgásráccsá alakitható
az a néhány megadott gondolatjel:
próbálgatod szinte, tükör előtt,
mint aki kezdetét s végét veszi,
nézd a hirangyalt, se férfit, se nőt
nem látnak mindent látó léptei,

THE NEWS-ANGEL

The angel who brings us the news—what news he brings,
to whom he brings it, and who he is in fact—
waves in the air what can't be an all-bad thing.
Each edition of his is a special act.

It's the scaffolding that's especially exceptional,
as if the sequence of events had flung it up.
Every piece of news is filled with the angel;
his dusty essence rises from his hovering foot.

Even the plague has never been more attractive;
a message arrives for Camus' *The Stranger*
that the dead air blackens to its own watermark;
helixes and crosses are burning everywhere.

And he's graceful, just like a vogue that's yet to be,
and there's theater, flight, sport, in his every thrust;
and he rattles and whispers—now defend yourself, see?
—you may be a delicate truth in the dust:

—don't you see? a sanctimonious lie
able to glow and cool among the stars,
swinging with the heavenly ones. And those few
indicated dashes can be shaped into prison-bars.

You almost give it a try, before the mirror,
like someone probing his beginning and his end.
See the news-angel, his all-seeing steps
are blind to the movements of both women and men.

csak áthaladnak, fogyó súlyukat
mindig megújitván velünk, lesőkkel,
kik hozzá mérik helyben-útjukat,
kiknek ő az adott következő hely.

They just walk on through, their diminishing weight
always replenished by us, the Peeping Toms,
who measure by him our journey-in-the-same-one-place,
for whom the given next place is always him.

"Látványom és szerkezetem között
egysensúlyoz a háttér. Ez bocsát
előre. Átvilágit ott, ahol
célszerű a megérthetés reménye.
Akupunktúra ez. Azok a pontok
megbetegszenek, fájni kezdenek:
és létrejön a kapcsolat. A balsors
régimódi fogalma éltetőleg
hat, s láthatatlanomba visszabűvöl.
Ezt a játékot játsszák minden este
az igazi szereplők, akiket
bekonferálok. Sosem láttam őket,
nem is érdekel e produkció.
Megfizetnek a részemért, de már rég
letettem, amit felvettem, s amit
felvettem, rég letettem: szerkezet
s látvány között egyensúlyoz a háttér,
melyet, viszont, én bocsátok előre.
És ez elkárhozás, és bűnbocsánat."

"Between my appearance and my structure
the background is balanced. This introduces me
at the outset. It sends light through me
where the expectation of being understood
is expedient. It is acupuncture.
Those points fall ill, begin to ache: and the
connection comes about. The old-fashioned
notion of adversity invigorates me
and bewitches me back into my
invisibility. The real actors,
whom I present, act out this play
every evening. I have never seen them.
This production does not even interest me.
I am paid for my part, but I long ago
put down what I had picked up, and what I
had picked up I long ago put down: between
structure and appearance the background is
balanced, which, conversely, I introduce.
And this is damnation and redemption."

MÁS KÖRÖK

1.

Hozzád kik látogatnak éjszaka,
hogy fölemeljenek egy sárga tálcán,
és át, s oly lassan, egy lakás homályán,
vigyenek, magukhoz, hogy az maga
egy-egy megérkezés pillanata,
hanem addig még sok van, így, vigyázván,
el ne botoljanak veled, s akárha álmán,
visz egy, bár otthon vagy már, visz haza,
és ülsz a rúdon a felső sarokban,
valaki visz, "mint egy madárcsapat majd
bennünket a Madárkirály elébe,
ha meghalunk," de nem ily gondolat hajt
éji madárvivőt, "ne légy magadban,
ha benned más akár ha kétszer élne."

2.

Amíg alszol, állnak-e üresen
keménypapír- s léc-oduk szanaszéjjel,
íróasztalon, falon? S hova *széllel*
bélelőztél még délelőtt, milyen
csönd nem moccan a cserépszéleken
a levelek alatt? Melyeket épp fel
kellett csak emelni, papírok, éjjel,
a papírtartó-emeleteken
nem takarnak lakót a takarók,
míg lakozol takaratlan lakodban,
nem követik szárnyad-fejed, ha moccan,

OTHER CIRCLES

1.

Who are those who come during the night
to visit you, to lift you on a yellow tray
and take you, slowly, slowly, through the darkness
to the dark of their own room in the apartment,
each occasion a moment of arrival,
—but the moment isn't yet, so, carefully,
so as not to stumble, as if dreaming, someone,
though you're home already, carries you home.
And you sit on the perch in the upper corner while
someone "like a flock of birds when we die
to the Bird-King" carries you; but it's not that thought
drives the night bird-bearer: "you're not alone
when someone else, in you, has a second life."

2.

And while you're sleeping, are there scattered about
empty file trays and paper racks—cardboard, wood—
on the desk and floor, on the wall? And where
this morning you were restless, what slow silence
lingers motionless in the air, on the lips of pots
under the leaves? And the papers, the paper covers,
that only had to be lifted up at night
from the floors of the stacked paper holders,
do not cover you, the inhabitants,
while you dwell in your uncovered home,
do not follow your wings and head when you move,

csak fogynak, nélküled, fogynak, veled:
hogy holnap majd forogj a telerótt
lapokon, takard s tárd, mi volt, mi lett.

3.

Szobádban, éjjel, villog egy verébnek
egy négy jegyű, zöld villanyóraszámlap.
Más-földi óra. Régi áramának
rendjét őrizve—ehhez szokva—késett
naponta tíz percet, s így körbeért egy
teljes napja a lemaradozásnak.
Körét látod miféle ó-hazának,
ha adatik veréb-szempárra nézned?
(Veréb-szempár*ba*, órá*ba* ki néz?)
Csak *rájuk* nézünk, mégsem felületleg;
de így se úgy, hogy érdemük szerint
nézhetnének vissza. Este kimégy
szobádból, és nekik hagyod; tereknek,
melyből *egy* tér megtér hozzád megint.

4.

Reggel héttől este hétig szabad tér,
két szobányi szabad tér egy madárnak
az, amit magad béröröklakásnak,
hasonló képtelenségnek neveztél,
mielőtt egy verebet idevettél
kalitkás fél s szabad fél napra társnak,
egyenrangú lény-közösségre, tágabb
egyéb-térül, mint ez, amit szereztél.
Ez a madár háromszor-négyszer annyit
élhet, a szavatolt feltételek közt,
mint odakint. Fel nem fogod, hogyan nyit
valakire, aki már elveszett,
ekkora . . . mit? s mid? szemed? vagy kezed?
Magadhoz nem birtoklod ezt az eszközt.

only diminish without you, diminish with you.
Tomorrow you can turn around on the filled-in sheets,
conceal/reveal what they were, what they've since become.

3.

The four numbers of a green digital clock
gleam in your room at night, gleam for a sparrow.
It's a clock from some other earth; it keeps
the order of its old current—being used to it—
so loses ten minutes a day, making the circle
of a whole day by gradually falling behind.
What ancient country's circle do you see
when it's given to you to look at a sparrow's eyes?
(No one looks *into* a clock or a sparrow's eyes.
We only look *at* them, and yet not shallowly,
but neither so that either could look back
as they deserve to do.) When evening comes,
you go out of your room, leave it to them: spaces,
one of which comes back to you again.

4.

From seven in the morning to seven at night—
free space, two rooms of it for a bird
in a flat you pay the mortgage on for life
—some such nonsense as that you called it once—
before you brought a sparrow here as companion
for a half-day in a cage and the other free,
into a community of equals and another kind
of space—more spacious than this one you acquired.
Under proper conditions, this bird may live
three or four times longer than he could outside.
You've no idea how the space opens up
for somebody who by now would have been lost:
such large . . . what? and yours! such eyes or hands.
You cannot help your own life this way.

5.

Kövi veréb, vagy énekes veréb,
nyugtom fölébe fogsz-e lengeni!
Vagy más-hont kéne elmerengeni
ily messzi kérdés fél-közeleképp?
Hanem ha épp így jó ha-mily vidék!
Ember-vidék; hol nyakonönteni,
fagylalásul, nem fog a helybeli,
ha meg nem trotykolom vállát-fejét.
Ha kő, ha ének, nem hat el odáig,
hol a fagy idején leslágozott
barátokkal együtt nyugszom; fölébem
virágtolvaj hajol, köz-rokon ásít,
agyag-részeg sírásó tántorog;
se ember, se veréb felem nem érzem.

Sparrow—vesper sparrow, song sparrow—
will you flutter over my own rest some day?
Or should we daydream of another country,
one halfway to such a far-off time?
But what if it's good like this, this if-what region!
A human region, where some petty local
won't hose me down with water and freeze me stiff,
if I don't piss on *his* head and shoulders.
But song or vesper sparrow, it will not reach
to where I lie in the company of friends
who've been hosed over, frozen. Over me
a flower filcher bends, a casual disciple
yawns, a gravedigger staggers drunk on clay.
I feel neither my human nor my sparrow half.

RÉSZLET A NÉGY MADÁR BLUES-BÓL

Van egy madaram, és miatta van, hogy novemberben is sortban járok;
neki én úgy vagyok én, ahogy szegény még nyáron, hogy idekerült, meglátott;
és szétveri magát, ha pantallóba' lát, mert neki nem és nem kellenek mások.

Én ezt szívesen meg is teszem a kedvéért, bár ez így nem fog menni;
ha beáll a tél, muszáj lesz azért itthon is hosszúnadrágot venni;
meg kell szoknia, hogy ez a dolgok sora: hogy vedlünk, s nem állandó semmi.

Persze, cserében ő is engedékeny, a szobát mind jobban elfogadja;
van egy depója, oda jár azóta, hogy a kosztot a csipeszről ott kapta;
négy és fél héten át kérte így a kaját, azt hittük, már abba se hagyja.

Féltünk, a baj ez: hogy a csipesz érdes széle a torkát felsértette;
ezért nem "eszik" csak "csipeszezik," és haladunk a reménytelenbe;
mert az a szabály, hogy egy ilyen madár két hét múlva már köp a csipeszre.

De átszokott: sajtot és magot, salátát s füvet maga kap csőrbe;
és ugyanúgy játszik, mint az a másik, aki velünk élt még előtte;
és nem tudja, miért van itt: azért, mert volt már itt nálunk egy elődje.

Akí ugyanígy volt "koszt-irígy," ez a könyvekben is jól meg van írva;
ügyetlenebb volt, de nem beteg ő sem, és huszat tojt, s azt is kibírta;
vagyis csak a végén halt bele szegénykém, a várfal tövében ott a sírja.

EXCERPT FROM THE FOUR BIRDS BLUES

I have a bird and on his account I wear shorts even in November;
it's for him I am as I was when he got here, poor fellow, in summer;
and he flails away at himself if he sees me in trousers, because he does not,
    repeat not, want any other.

Though it can't go on too long, I do this for him with pleasure;
I'll have to wear long pants at home with the onset of winter weather;
he'll have to get used to it, it's the way things are: we moult, and nothing's
    forever.

Of course in return he's also accommodating and accepts the room better;
he has a depot and visits it since we fed him food from tweezers there;
for four and a half weeks that's how he begged for grub, we thought he'd
    go on forever.

We were afraid the jagged edges of the tweezers had injured his throat;
that's why he didn't "eat" but "tweezed," and we went on with fading hope;
since as a rule birds like this spit at tweezers after two weeks at most.

But he changed his habit: snatches with his bill cheese and seeds, grass and
    Seckel pear;
and plays the same as the other did, the one that lived with us earlier;
and he doesn't know why he's here: because he had a predecessor.

Who was also a greedyguts—what the books say about them is reliable;
she was clumsier, but likewise not ill, laid twenty eggs and endured it all;
that is, only died of it in the end, poor thing, her grave's at the foot of the
    castle wall.

Így megvan a rend, de ez nem jelent az ő szamara semmit immár;
kinti madarak járnak ott, zajukat mindig tűnődve hallom a sírnál;
és hazajövök, sortba öltözök, ha már ez a benti élő így vár.

Thus order is come again, but as for her nothing could matter less;
outside birds go by, I hear their noise when visiting the grave to reflect;
then I come home and put on my shorts, if that's what this inside, live one,
    expects.

UGYANAZ A VÁROS

"Azt játssza, hogy idegen város
Látogatója . . ."
                    —Vas István

De hát mindegyik város, gondolja, kilép
a téli évszak változatába, mindegyik város,
megy, folyamatosan, hagyja abba, és nem is
abbahagyás ez, a gondolatot, nem is gondolat,
Tradoni (hangsúly az ó-n) elhalad, hol, ott jár,
az egyik szatyor tartalmát kiüríti egy bokor
tövébe. Hogy ez olyan mindig, mintha szemetelne,
mintha köztéren leállna vizelni, gondolja, néz,
beszélgetni nem akarna, akkor, megy tovább, ezt
mondaná el, ez elveszne, vagy rögződne, elveszne
vagy rögződne, ez az a két rossz, ami, elér
a következő helyhez, itt műanyagflakon alja
himbálózik a szélben, felnyúl, nem éri el, holott
a karja hosszától elérné, a karjával, valami, körülnéz,
jönnek, van ebben valami gyanús, neki magának, már
az elegendő, hogy ő tudja, mit csinál, ettől
— "s ez művészet"—ő már, a harmadik park következik,
a Duna-parthoz közel, a bolt megszokott órája, ő,
a boltban, kenyerekkel, nap mint nap, ez érdeklődést
kelt, nem ad felvilágosítást, utal, ennyi körülbelül
maga a közlés, az információértéke, gondolja, már
nem az van, hogy minek, hanem a 18-as megállójánál
a sövény, ott kenyeret tép szét, megvár talán egy
szerelvényt, valakinek keményen visszanéz, a szemébe,
de ez már változtat, azon, ahogy a még félig teli
szatyrot tartja, ahogy lép, ahogy bemenne akár

THE VERY SAME CITY

"He plays that he is a visitor
in a foreign city . . ."
—*István Vas*

But every city, he thinks, and steps out into a
variation of the winter season, every city,
he proceeds, steadily, he interrupts the, and this is no
interruption, the thought, it's no thought,
Tradoni (stress on the o) walks by, where, there he goes,
he empties the contents of one of the shopping bags by
a bush. He thinks that this is always as if he were littering,
as if he were stopping to pee in a public place, he looks around,
doesn't want to speak to anyone, then, goes on, he would tell
this, it would get drowned-out, or deep-rooted, drowned-out
or deep-rooted, these are the two mistakes which, he reaches
the next place, here the bottom of a plastic bottle
dangles in the wind, he reaches for it, doesn't make it, though
his arm is long enough, something, he looks round, people
are coming, there's something suspicious about it, for him,
it's enough that he knows from this what he's doing,
—"and this is art"—he's now, the third park is next,
near the Danube bank, his usual hour for the shop, he,
in the shop, with bread loaves, day after day, this arouses
interest, he doesn't explain, he hints, this much is roughly
the communication, the informational value, he thinks, now
not of what, but, at the number 18 tram stop, the hedge,
that's where he tears apart the loaf, waits perhaps for
a tram to pass, returns somebody's look, hard, straight to the eye,
but this is a variation of how he holds the still half-filled
shopping bag, of how he moves, of how he would even walk

egy szerelvény alá, amelyik a másik irányból, rigót
lát meg—"változtasd meg élted!"—, a rigó ránéz,
ez még nem a feltöltött medence évszaka, még nem
kell megnéznie, nem úszik-e madártetem, különben
is, mondja, magában beszél, a Rudas fürdőnél, kiszórja
most már a teljes készletet, felszámolja tartalékait,
is, mondja, aztán tovább gondolja, a busznál, elterelik
a figyelmét, már a túlpartra összpontosít, lazán
elengedi magát, viszi a közlekedés—"zökkents
valódon" (elméden, lelkeden, szellemeden, önmagadon:
a valamire való szavak már mind lefordíthatatlanok,
például, hogy *bar*), ez művészet, ez már—, leszáll,
a város ugyanaz, átment, megint átcsalogatta valami
esély, holott az etetés teljes volt; valami megetetne,
gondolja kérdően, de hiszen az újságot is meg kell
és meg lehet venni, körül lehet nézni, és mindenki
másképp, persze, s lehet, kiköt a pizzaárusnál, ahol
az a valami igazán nem pizza, de otthon, hazaviszi,
megint ugyanaz, mintha kalandosan járna egy idegen
városban, csak ahhoz egy kicsit egyedül mégis, otthon
pizzakészítésre ösztönöz, rákerül a szegényesen
eleresztett tésztára némi munkavégzéssel egy itteni
pizza-anyag-változat, és vörös bor, még bőven van.
az innenső parton maradva a hazaszállítandók: vörös
bor, erős paprika, bőven van azért tulajdonképpen,
és—"ez költészet," még egy pohár, amikor nem
kellene mindjárt, de mindjárt, és délután úgy sincs
okvetlenül kedv. Hát akkor, akkor, akkor legalább, ha
van, akkor! Tradoni (hangsúly az ó-n) bemegy, a benti
madarakhoz, akik mindent eldöntenek, amíg vannak, ők
döntenek el mindent, a benti madarak, a kintiekkel
foglalkozni, ez még felfüggeszthető is lenne, de a kinti
madarakkal is azért, mert ezt a bentiek eldöntik, ezt
a várost, hogy itt, hogy akármilyen formában, egyfolytában
akár, szinte bármeddig, ezt eldöntik a benti madarak,

under a tram coming from the opposite direction, he spots
a thrush—"change your life!"—the thrush looks at him,
it's not yet the season for filled basins, he doesn't have to
see if a bird's carcass is floating there, besides, he says,
he talks to himself, at the Rudas Baths, he scatters out
the whole supply now, liquidates his reserves, anyway, he
says, then goes on considering it, at the bus stop, they divert
his attention, now he focuses on the opposite bank, loosely
lets go of himself, carried along by the traffic—"jolt
your reality" (your brain, your soul, your spirit, yourself:
words worth anything are now all untranslatable,
for instance, *bar*), this is already art—, he gets off,
the city is the same, he crossed over, lured again by some
possibility, though feeding was filling; something would feed me,
he thinks inquiringly, but the newspaper too has to be bought,
and can be, one can look round, and everyone does it differently,
of course, and maybe, he puts in at a pizza place, where that
something is not really a pizza, but at home, he takes it home,
the same thing again, as if he walked adventurously in a foreign
city, but compared to that only a little bit alone after all,
at home he spurs on the pizza preparation, a local pizza-
material variation finds its way onto the poorly made pastry
with a little labor, and red wine, there's plenty of it,
things still on this bank to be carried home are: red
wine, hot paprika, there's plenty of it as a matter of fact,
and—"this is poetry," another glass, when he really shouldn't
right now, but right now, he won't necessarily be in the
mood for it in the afternoon. Then, then, then at least when
he is, then! Tradoni (stress on the o) goes in, to the inside
birds, who decide everything, as long as they live, they
decide everything, the inside birds, to take care of the
outside ones, this could be deferred, but the outside birds,
too, because this is decided by the inside ones, this city,
that here, that in any form whatsoever, even continuously,
almost indefinitely, this is decided by the inside birds, he

egyikükkel végighever a piros kockás takarón, ő alszik
mindjárt, a madár a kezén ül, a hátára szökken, a gallérja
mögött letanyázik, alusznak ketten, a madár, ez a benti,
talán ugyanazt a várost játssza, látogatóban van
rajta, mintha, ezt ő már nem érzi, valaminek csak arra
kell vigyázni, általa, hogy ha felriad, agyon ne
nyomja, erre kell valaminek nagyon vigyáznia—és ez
költészet—, mert míg ő alszik, a madár változtatja
helyzetét, másutt ébred rá, de csak gondolattal, ne
szorítással, az megölné, csak gondolattal kell ráébrednie,
és a városban ezt kisétálja, átmegy, várja az esélyt,
ami a madárral mégsem adatik meg hiánytalanul, és
ez költészet, ami a költészettel mégsem adatik meg, mégsem.

lies down with one of them on the red-checked blanket, falls asleep
immediately, the bird sits on his hand, springs up on his back,
takes up quarters behind his collar, they both sleep, the bird,
this inside one, perhaps plays the same city, is a visitor
on him, as if, he no longer feels it, something has to be
careful, through him, that if he awakens suddenly he won't crush
her to death, something has to be very careful of that—and this
is poetry—, because while he's sleeping the bird changes her
position, he realizes it elsewhere, but through thought only, not
by squeezing, that would kill her, he must know only through thought,
and he walks that out in the city, crosses, awaits the possibility,
which is not given in full with the bird, and this is poetry,
which is not after all given with poetry, not after all.

BÉKE MAGAMMAL

Szellőztetek; és hátamat a madarak kedvéért
—tévesen—túlfűtött kályhának vetem; közben
rendtevésen gondolkodom, előszobai szekrények
rendjén; melybe most még néhány pár kesztyűnek,
egy-két sálnak, más ilyesminek kell beleillenie:
karácsonyi ajándékok, csakhogy nem a szokásos
módon. Ezek az ajándékok ezúttal visszaszállnak
az ajándékozóra, ránk itt, elhozogatjuk őket
bizonyos szekrényekből, polcokról, és a bútorok
egyike-másika tíz évi távollét után szintén
visszatér ide, az eredeti helyszínre, ahol negyven
éve megismertem formáikat a szülői házban. Különösebb
kesztyűkről, sálakról s bútorokról nincs itt szó,
és ha rendet rakok a szekrénysorban, ugyanazzal
számolhatok, s látom is már, milyen. Milyen *akkor*.
De hát erre nincs jó kifejezés, csak a bevált és
unt mondások kerülnek elő mindannyiszor; és a jót
olyan nehéz meghatározni, ki beszél arról, ami
jó, nem divat; s ez helytelen. Csak nehéz szakítani
a szokással. Vagy semmit; mármint a holtakról
ezt kell mondani, a másik esetben; hanem az meg,
a "semmi": nincs; valami van mindig, nem semmi,
és csend sincs, főleg a kifejezés céljaként. A
kifejezéssel inkább úgy ügyetlenkedünk, ahogy régi
karácsonyi összejövetelekkel, melyeket nem becsültünk
meg eléggé, és ami marad, lehetőség az összejövésre,
nem becsüljük eléggé, egyrészt mert ki tudja, élő
dolgokból mennyi "elég", meg ugyanolyan könnyelműen
kezelhető itt is, ami megvan; s únt mondás, hogy a hiány

AT PEACE WITH MYSELF

I air the room; and for the sake of the birds lean my back
—a mistake—against the overheated stove; meanwhile
I think of organizing, of the organization of wardrobes
in the hallway; where I still have to fit a scarf or two,
a couple of pairs of gloves, and other such things;
Christmas presents, but not of the usual kind.
These particular presents have come back home
to the giver, to us here, we ferret them out from
certain wardrobes, shelves; and some other pieces
of furniture after ten years' absence have likewise
come back here, to the original location, where forty years
ago I came to know their shapes in my parents' home.
It's not that the gloves, scarves, and furniture are unusual,
and if I organize the row of wardrobes I can keep track
of them, can see what they're like. What they were like *then*.
But there's no good term for it, only the tried and
tired clichés turn up every time; and it's so difficult
to determine the good, who speaks about what's good,
it isn't fashionable; and that's wrong. It's difficult
to break with custom. If good can't be spoken of
the dead, nothing should be spoken; but that "nothing":
it just doesn't exist; there's always something, not nothing,
and there's no silence either, especially not as the object
of the term. We're rather awkward with the term as we were
at the old Christmas get-togethers, which we didn't value
enough, and what has remained, a chance for getting together,
we don't value enough, partly because who knows how much
is "enough" of the living, and what exists can also be treated
with the same sort of thoughtlessness; and it's a cliché to say

nyit távlatot. Mégis. Hogy ez aztán, gondolom, ahogy egy régi
pulóvert, még az ötvenes években izgatottan elkölcsönzöttet,
magamra terítek, és becsukom az ablakot, hogy ez aztán mibe
nyílik, ez a távlat: megint részletes kérdés, és semmiképpen
sem a semmi. Nem érint a pulóver, bár rajtam van; történetesen
nem érzékelem, ahogy ő ezt még külön a hátára teritette,
mert fázott a nyolcvannégy éves test. Fázott a test. És
a száraz levegőben főleg a magányt érezte; de hát, mosolyodom
el fanyarul, ez a kettő is hogyan lehetett volna egyszerre:
nappal abban a lakásban a magány kisebb volt, viszont nappal
mégis volt hova eljárni, nyugdíjas-állásba, és este mintha
minden összejött volna, az úgynevezett négy fal, és az én
telfonjaim is gyakran korábbra estek: délelőttre, mert
nem szeretek későn telefonálni. Ez is rend, kinos pontosság,
amelyet például nem kellett volna követni. De a pulóverről
sokat beszélgettünk, és mindenről igen sokszor volt szó,
és állitólag—és persze, hogy—nem tehetek magamnak
szemrehányást; és semmi mód nem adhatok senkinek tanácsot.
Ez a kései bölcsesség már késő bölcsesség, hanem pont
idején van mégis; ez az ideje a bölcsességnek, ilyenkor
jön el; késve, mert kell hozzá valamiféle elintéződés,
hogy megértsük: soha semmi sem intéződik el; ez a "semmi"
egyetlen valós, az én olykor szűkösen ész-szerű elmém
számára egyetlen elfogadható formája ezen a—semmilyen
jelző—világon. A bölcsesség meg csak annyi, hogy utóbb
már mindig nagyon könnyű visszagondolni és beszélni.

that absence provides perspective. And yet. This, I think,
as I drape the old sweater on my back, the one excitedly
borrowed in the fifties, and shut the window, this perspective
is again a circumstantial question, and by no means
nothing. The sweater doesn't touch me, though it's on me; perhaps
I don't sense it as he did when he draped it on *his* back,
because the eighty-four-year-old body was cold. Cold. And
he felt especially isolated in the dry air; but, I smile
wryly, how could these two have existed at the same time:
the isolation in that flat was less during the day, because
during the day he could go out, have a part-time job, and evenings
as if everything had piled up, the so-called four walls, and my
phone calls, too, often came earlier—in the morning—because
I don't like to call late. This too is organization, meticulous
punctuality, which, for example, wasn't necessary. But we
talked a lot about the sweater, and about everything else,
and people say—and rightfully—that I shouldn't reproach
myself, and that by no means should I give advice to anybody.
This late wisdom is now too late, and yet it is just
in time; this is the time for wisdom, it comes at just such
times; comes late, because some sort of resolution is needed
to understand that nothing ever resolves itself; this is the only
concrete, the only acceptable, form of "nothing" that my
sometimes narrowly logical mind in this—no attribute—
world can handle. And wisdom is no more than that after the fact
it is always very easy to recollect and to speak.

HOSSZÚ SÉTÁK KARÁCSONYA

Márciusban elkezdtük már az egyre hosszabb
sétákat, lakott területeken, a házak és utcák
változatosságával kisétáltuk magunkból az
elkívánkozást, ami pedig csak úgynevezett
utazás lett volna, de a madarakat nem mertük
itthagyni, aztán kiderült—miközben egy sor
útvonal még gyerekkori szisztéma volt, az évekig
elhanyagolt, persze, csak általunk elhanyagolt
hegyvidéken, valamikori séták, talán az én
magabiztosságom mindenkori híján nekem nem a
legsikerültebbek, szüleimmel, majd a barátságoké,
melyekről meg aztán most a másik félnek ki tudja,
milyen az emléke egy-egy esetben; lezárultak
a szakaszok, a struktúraváltások még nagyobb
léptékek szerint is végbementek; miből állna
össze a még átfogóbb változások anyaga, és így
tovább, legbelső anyaghibákból és mindenoldalú
lehetőségekből—, aztán kiderült, milyen jó volt
itthon maradni, a séták, a füvek, a gyomok, a már-már
szenvedélyesen gyűjtött, de nem öncélú zöldféleségek
világában, a madarainknak hazahordott természetes
környezetben; valakinek, aki a sétás korszak végén
meghalt, "hazahordtuk", vagy inkább itthon tartottuk,
természetes környezetét: saját magunkat, itt voltunk
vele, és neki így az élet mintha visszazökkent volna
a számára rendes "kerékvágásba", a kizökkenés előtt.
Utolsó születésnapján nem mondta, mint máskor, hogy
"csak ne soká", s hogy bár ez lenne az utolsó; ez is
személyiségváltás jele. A madarakról vele keveset

THE CHRISTMAS OF LONG WALKS

In March we began the longer and longer walks,
in populated areas, and what with the diversity
of houses and streets we walked out of ourselves the
desire to get away, which however would have been only
a so-called trip, but we did not dare leave
the birds here, then we discovered—while a number of
routes were still childhood systems, in the hilly region
neglected for years, neglected only by us of course,
walks of the old days, not for me the most successful
ones, due perhaps to my chronic lack of self-confidence,
first with my parents, later in friendships, and who knows
how each side remembers it now; the phases came to an end,
changes in the structure took place on an even larger
scale; what would the material of even more sweeping changes
be composed of, and so on, of the most central defects of
material and of innumerable possibilities—, then we discovered
how good it was to stay home, walks, grasses, weeds, in the
world of almost passionately gathered greens, not however
for their own sake, but brought home in their natural setting
to our birds; for someone who died at the end of the period
of walks, we "brought home," or rather kept home,
his natural setting: to wit, ourselves, we were here
with him, and so for him it was as if life had jolted back
into its, for him accustomed, "ruts," before jolting out.
On his last birthday he did not say, as on others,
"I've had enough," and that he wished this were his last; this too
is the sign of a personality change. We spoke little
to him about the birds, or rather he wouldn't have known "what
to say," finally; he would have taken collecting grass

beszéltünk, de inkább talán nem tudott volna "mit
mondani", végül; a fűszedést még "túlzásnak" is
tarthatta volna; aztán kijöttünk a zöld műanyagszatyorral
a kórházból, gyomos területet szeltünk át, otthagyni
csak egy—másutt is emlitett—botot lehetett,
épp az egyik legkedvesebb verebfűféleség sűrűjében,
az üres telken, ahová majd a lecsupaszodott karácsonyfák
is kerülnek (a másik versben: ahol talán majd park
lesz egyszer, és a verebek visszajárnak, az új
generációk; Tradoni megjegyzése), újév utáni, sétákra
nem mindenkor késztető időkben; hanem azért ezeknek
is biztosan megvan a létjogosultsága, legföljebb mi
érezzük egyelőre még remélhetőleg csak félig leélt
időnkkel, melynek összessége persze nincs, hogy
a mérsékelt égövi ember csak fél éveket, s mindent
meghazudtolva mégsem csak egy fél életet él. (Hanem
egy negyedet, vagy kétharmadot, mert a maradékból
is átalszik egy jó darabot; Tradoni megjegyzése;
tehát "életünk"-ről beszélni csak mint u.n.-ről lehet.)

as "overdoing it"; then we came out of the hospital with the
green plastic bag, crossed a weedy area, one could leave there
only a—mentioned elsewhere also—walking stick
in the brush of one of the sparrows' favorite kinds of grasses,
in the empty lot, where the stripped-down Christmas trees would
also end up (in the other poem: where perhaps there'll be a park
some day, and new generations of sparrows will
return; Tradoni's remark), after the new year, in times
not always conducive to walks; nevertheless, these too
must surely have their reason for existence, at least we
felt, with our for-the-time-being, one hopes, only half-lived
time, which of course has no sum-total, that
man in the temperate zone lives only half-years, and
belying everything not after all a half-life. (But
a quarter, or two-thirds, because he sleeps through
a good part of the rest as well; Tradoni's remark;
therefore we can speak of our lives only as so-called.)

Keresztülvágott a füvön. Hallgattak (nem voltak
ott) a kis vízágyuk; ettől még nem volt benne
béke; ebben az ügyben. Nem is olyan rég ez
egy madár volt, ez az ügy; lerakta a kibontott
fűcsomót, a felügyelőné küldte, meg az otthoniak
(a madarak, a lények; medvéik is). Tradoni,
hangsúly az ó-n (mely nem a csodálkozásé),
tulajdonképpen elcsodálkozott. Olyan kevésen
múlt volna; nem szereztem meg a kellő ismereteket,
rossz helyre fordultam felvilágosításért? tűnődött;
aztán már késő volt? A madár szervezetéből a szükséges
anyagok eltávoztak. Így van ez nagyobb, rendkívülibb
megrázkódtatások esetén. Csak hát én a madárfelügyelés
minden ágát nem ismerhetem, mondta; már távolodott
a Várfaltól, rutin ellenőrzés volt az egész,
magánbirodalomnak se mondhatta. *Édes fiacskám, egy kis
sajtot ennék*, gondolta (a hires verssor); és körül
a nyárias világ, a nap (*mint ahogy elfeledte annyi
szépét*), ragyogott. Megint egy alkalom, amikor már
semmit se tehetünk, állapította meg a madárfelügyelő,
és lement a Krisztinavárosba. A sajt, amit utolsó
napjaiban evett (a madár), és amellyel a nemlétező
fiókákat etette, kihányva. Tradoni erre azért jól
emlékezett (valamelyest, most már csak). Ahogy
összecsukta magát, a kalitka alján, mint a hiábavaló
igyekezet dossziéját, egy agyontárgyalt
diplomatatáskát. Hiába ülök le a fűbe, hiába
dőlök végig; ment, intézte inkább az ügyeket.

VISITING A BIRD'S GRAVE

He cut across the grass. They kept quiet (they weren't
there), the small sprinklers; but this did not
pacify him; not in this case. It was not so long ago
that this case was a bird; he put down the loose bundle
of grass, sent by the custodian's wife and those at home
(the birds, the creatures; their bears too). Tradoni,
stress on the o (which is not one of astonishment),
as a matter of fact was astonished. So little would have
sufficed; I did not have the requisite knowledge,
did I go to the wrong place for information, he wondered?
And was it too late by then? The necessary substances
passed out of the bird's system. It happens this way
in cases of greater, more extreme, shocks. But I can't know
every branch of bird custody, he said; now he moved off
from the Castle wall, it was only a routine inspection,
he couldn't call it his own domain. *My sweet son,
I crave a bit of cheese*, he thought (the famous verse);
and round the summery world the sun (*as its resplendent beauty
slipped its mind*) glittered. Again an occasion when there's
nothing we can do, concluded the bird custodian, and went
down to Krisztinaváros. The cheese she ate (the bird)
in her final days, and which she fed the non-existent
nestlings, was disgorged. Tradoni remembered that much
accurately (though only more or less, now). As she furled
herself, at the bottom of the cage, like the file folder
of an ineffectual effort, an overdeliberated
diplomatic pouch. In vain I sit on the grass, in vain
I stretch out; he went, instead, to deal with the cases.

Dolgozószobájából átköltözött a másik
szobába, ide, ahová most visszatért; ott,
csukott ajtó mögött, már madaraik hosszú alkonyata
. . . erre valóban nem volt cselekvést kifejező szó.
Állt megannyi részből (az alkonyat), történt
különböző cselekményszálak mentén; ketten erősen
vedlettek (és ilyenkor gyengébbek! kiszolgáltatottak),
harmadikuk úton volt a lágy eleség önálló fogyasztásától
a magtáplálék fogyasztásához (és ez a fordulat, ha
végre bekövetkezik, Tradoninak és a felügyelőnének
sokat jelentett volna: nemcsak, hogy a madár nevelése
sikeresen befejezettnek tekinthető, de ők maguk, egy
aggasztóan eltelt nyár után, legalább most azért mégis
tehetnek megint egy-egy kiadósabb sétát, úszhatnak
a Dunában, valamelyik egészen közeli tóban, ameddig
a gyors visszaérés biztos reményében elmerészkedhetnek,
ott); Tradoni a szőnyegen feküdt, mint gyerekkorában,
aludt, fentről barátja nézte, tollászkodás közben,
odahúzódott a felügyelő közelébe, a kalitkasarok
fakanalára, és csend volt, s a hosszú nyári alkonyok
égboltja végre mintha annyit kért volna csak, amennyit
ígérhetett: nem történt semmi, külön esemény nem volt.
Ahol az írógép állt, most, este, dossziéval lefödve,
hasalt a negyedik veréb, ez volt az ő szabad alkonyi
órája, és főként melegedésre kivánta felhasználni.
A lámpa megvilágitotta a dossziét, és míg, Tradoni odaát,
ez a madaruk ideát feküdt, és a két esemény hőmérsékletének
lassan kihűlt a nyoma, de a dosszién még érezni, írta.

"THE SKY OF LONG SUMMER TWILIGHTS"

He moved from his study into the other room,
here, where he now returned; there,
behind the closed door, their birds' long twilight
. . . there really was no word of action to express this.
It consisted of so many parts (the twilight), action
took several different directions: two of them moulted
profusely (they're weaker then, they're defenseless),
the third was about to advance from eating soft food
all by itself to eating seeds (and this change, if
ultimately it came about, would have meant a lot
to Custodian Tradoni and his wife: not only could
the bird's upbringing be considered as successfully
accomplished, but they themselves, after a summer
fraught with anxiety, could now at least take longer walks,
could swim in the Danube, in one of the nearby lakes,
as far out as they dared with a quick return still possible);
Tradoni lay on the rug, as in childhood, and slept;
his friend watched him from above, while preening,
she drew close to the custodian, to the wooden spoon
in the corner of the cage; it was silent; and as if
the sky of long summer twilights had at long last asked
for no more than it could promise, nothing happened;
there was no peculiar occurrence. Where once the typewriter stood
the fourth sparrow now, in the evening, lay on his belly,
covered with a filefolder; this was his free twilight
hour, and he wanted to spend it mainly warming himself.
The lamp lit up the file, and while Tradoni lay over there,
this bird of theirs lay here, and the impress of the two events'
temperature slowly grew cold, but it's still to be felt on the file, he wrote.

TRADONI,
HANGSÚLY EGY ELHAGYOTT HELYEN

Ennyi változtatás könnyen adódik, épp csak foglalkozni
kell a tárggyal, a hangsúly eltolódik, valami más
foglalja el a tűnt elem helyét; ennyit a versről.
Egy szoba: más. Egy szobában ül Tradoni, írja a verset, és
nem arról van szó, hogy az írás tudatában van; hogy az írás
megírásáról ír; hanem az írás a szoba része, eszköze
a nyomozati tárgynak, és nyomozni a madárfelügyelő
most akkor kezd, amikor felnéz egy polcra, ahol egy váza
áll, melyet egy madár elfoglalt valamikor egy másik madártól,
de aztán meghalt, és nem üldögél azon a vázán, a gallyakon,
és a másik madár, akié a váza volt, akié a gallyak voltak, aki
él most is, azóta nem jár fel a vázára, a váza alá, a polc
elhagyatott, a növények cserepein senki sem kertészkedik,
az a madár meghalt, és Tradoni tudja, kik voltak a hibásak.
Ők ketten is, a felügyelőné meg a felügyelő, és még ketten; és
akire most, mondja a felügyelő, csak mondhatok valamit e
tárgyban, mondok e tárgyban, mondok rájuk, akik hibásak
voltak némi közönyük révén ennek a madárnak a halálában;
mondogalózom, amit sose szerettem csinálni. Továbbá azt
hittem nem is rég, saját halottaim vannak már, de saját halott,
megértettem most, csak az, akinek az életét megmenthettem
volna; és ennek a két valakinek, jó barátaimnak is, saját
halottjuk van-e ezzel a madárral, tudnak-e róla, hogy saját
halottjuk van. És amire rájöttem, meséli valakinek Tradoni,
épp akitől egy mákszárat kaptak abba a vázába valamikor,
amire rájöttem: hogy elviselhetőbb másokról (másról) beszélni,
szidni akárkit, kevésbé fáj, tiz perc, túlvagyunk rajta, kevésbé

138

TRADONI,

STRESS ON AN ABANDONED PLACE

So much change comes about easily, you just have to deal
with the subject, the stress is displaced, something else
takes the place of the vanished element: so much of the poem.
A room is something else. Tradoni sits in a room, writes the poem,
and it's not about being conscious of writing: that he's writing
about writing about writing; but writing is part of the room, a way
of investigating a subject, and the bird custodian now begins
to investigate when he looks up at a shelf where a vase stands
which was once occupied by a bird who took it from another bird,
but then he died, and the other bird, whose vase it was, whose
twigs it was, who is still alive, is not roosting on that vase,
has not gone back up to the vase, below the vase, since then the shelf
is abandoned, nobody is gardening on the potted plants,
that bird died, and Tradoni knows those who are to blame.
The two themselves, the custodian and his wife, and two others; and
about whom, says the custodian, I can now say something concerning
this subject, I am saying something concerning this subject,
I am speaking about those who are to blame, owing to
some degree of indifference, for the death of this bird;
I keep repeating things, which I never liked to do. Furthermore, I
believed not so long ago that I had my own dead, but one's own dead,
I now understand, are only those whose lives I could have
saved; and do these two, my good friends, have their own
dead because of this bird, do they know that they have their own
dead. And what I discovered, Tradoni relates to somebody
from whom they once received a poppy stalk for that vase, what
I discovered is that it's more bearable to speak of others (another),

kibírhatatlan, mint csak nézni egy helyet a polcon, amely
annyira elhagyottnak igérkezik a közeljövőre is; ha van, ha
nincs kegyelet a verebekben, életben maradt madarunk, mondom,
írja, és nem néz fel, nem néz hátra a székről, nem jár
fel oda, és ha itt mi ketten szóba hozzuk, az szinte
elviselhetetlen, és ez megmagyarázza, miért foglalkoznak
olyan sokat egymással az emberek, miért szidnak akár engem
is, szegény madárnyomozót, nem elég erősek, hogy a maguk
megürült helyeire nézzenek, és nekünk is, írja Tradoni,
valljuk be, könnyebb, szidni valakit, és igazán senki sem
kivánhatja, hogy önmagunk ártalmára legyünk, persze, a helyek
így is üresednek, és Tradoni nem azért foglalkozik bűnügyekkel,
hogy embertársai emberszólásának ily tiszta motivációit
elhiggye; csak ez a jobbik munkahipotézis, és ő dolgozni akar,
miközben egy tekercs szól, a régebbi délelőttök zenei anyagából,
melyeket még az a madár hallott, azok a számok, de hát
eddigre élve is elfelejtette volna őket. Egymással se vagyunk
másképp, írja a madárfelügyelő, kezdhetjük élve a felejtést.
Most épp ezért hátrafordul, és megnézi azokat a gallyakat,
az elhagyott növényeket, a könyvespolcot, a vázát. Valaminek.

to reprimand anyone, it hurts less, ten minutes and we're over it,
it's less intolerable than just looking at a place on the shelf which
promises to be deserted in the near future too; whether there is or
there isn't any piety in sparrows, our surviving bird, I say,
he writes, and doesn't look up, doesn't look back from
the chair, doesn't go up there, and when the two of us here
mention it it's almost unbearable, and this explains why people
deal so often with each other, why they reprimand even me,
the poor bird investigator, they're not strong enough to look
at their own unoccupied places, and let's admit, writes Tradoni,
it's easier for us too to reprimand someone, and really no one
can wish us to do any harm to ourselves, of course places
even so become empty, and Tradoni deals with criminal cases not
to credit such clear motivations for his fellow man's backbiting;
but this is the better working hypothesis, and he wants to work,
while a tape is playing, from the musical material of former mornings,
which the bird still listened to, those tunes, but by now
he would have forgotten them, even if he were alive. We're no
different with each other either, writes the bird custodian,
we can begin forgetting while we're still alive. Now, for just
this reason, he turns around, and examines those twigs,
the abandoned plants, the bookshelf, the vase. For something.

AMI ELVÉSZ A FÉNYBEN

Ha laza kőfalak közt a hegyen
mindegyre följebb ott kapaszkodom,
harminc éve, tizennégy évesen,
és semmi dolgom és semmi okom:
    egy teljes tartozás miatt
minden ok és dolog enyém, egészen,
mert beletartozom az ég alatt
a képbe, mely elvész e földi fényben.

Hangot se ver vissza a víztükör,
és magam is némán távolodom,
de visszatériti a csorba kör
a tünt időket szembe-utamon:
    mit tennék? néptelen a nap,
alig jut mégis árny-szeletnyi részem,
mert beletartozom az ég alatt
a képbe, mely elvész e földi fényben.

Mi ez a boltozódó zuhogás,
mely önmaga elől is oltalom,
míg jötte kell; míg szemhunyogatás
vakfoltjaira támaszkodhatom
    miért, hogy egyre magasabb
valami kilátó? Tudom, elérem,
mert beletartozom az ég alatt
a képbe, mely elvész e földi fényben.

WHAT GETS LOST IN THE LIGHT

When I climb higher and higher up the mountain,
without stopping, through crumbling walls of stone,
thirty years ago, at age fourteen,
having no reason to do it, no motivation:
      on account of the debt I have to pay
all reasons and motives are mine outright,
because I'm a part under the sky
of the picture that's lost in this earthly light.

No sound echoes from the water's surface,
and I too silently withdraw,
but the chipped circle reimburses
times past in my downward path:
      what can I do? the sun's empty,
yet my share is barely a shadow's bite,
because I'm a part under the sky
of the picture that's lost in this earthly light.

What is this vaulting torrent of rain,
shelter even from its own self,
although it's needed? While I'm sustained
by the blind spots of the blink of an eye,
      why does the lookout tower grow higher?
And yet I'm convinced I'll reach its height,
because I'm a part under the sky
of the picture that's lost in this earthly light.

143

Elvész—és ott áll tündöklő helyén
mig én elevenen botladozom,
taposva szőlőfürtön és fügén,
körteszottyon, megroppanó dión:
        elvész mind, ami megmarad,
hogy ne maradjon felében-szerében;
szétrobbanó, szertelen pillanat—
vagyok, mert vár, amit nem kell megélnem.

It gets lost, stands there in its glorious place,
while I, the live one, am staggering,
trampling on figs, on bunches of grapes,
rotten pears, nuts cracking:
        all that is left gets lost,
so all that's left is not left half undone.
Exploding, extravagant instant! I exist
because what I need not live through is still to come.

A SEMMI KÉZ

Egy vak madár azt hiszi, álmodott,
pedig csak megsímogattam a hátát,
    mit ő engedni nem szokott,
s kezünket is ez az egy pár madárláb
nem érinti önszántából soha,
    de majd annak is lesz sora,
mikor néhány lelkünkkel tovatűnten,
egy-test, ott fog feküdni tenyerünkben;
miféle előleg ez a halálra,
hogy megsímogatható volt a háta?

Szárnyra ki volt dobva a szürke toll,
ahogy álldogált a teljes sötétben,
    tudtam, ott vagyunk valahol,
nem is padlón, nem is csonk deszkalécen,
melyen parányi hő a talpnyoma,
    s még annyi se az örök éjszaka,
melyről tudnom kell, hogy két elürült szem
közvetíti bár tudatunkba, szűrten,
előleg ez a tiszta nemtudásra,
mit magunk is elérünk valahára.

Csak annyi voltam, mint a Semmi Kéz
mely nem mutat se innenre, se túlra,
    nem kerül, el se vész,
mintha az idő ide-oda múlna;
ujjam alatt a hát mintázata
    nyugodt volt, mintha nem is látszana,

THE NO-HAND

A blind bird believes he's had a dream,
though all that happened was I stroked his back,
          normally not routine.
And this one pair of birdfeet, in point of fact,
never touches our hands if it has its way
          —though this too will come one day,
when fading away with a few of our own souls,
this one body, he'll lie there in our palms.
A down payment for death!—what kind was that,
that it proved possible to stroke his back?

He flung out a gray feather at his wing
as he stood still in total darkness there.
          I knew somewhere we had our being,
not on the floor, the stubby floorboards, where
there's a tiny heat at the point where his soles press
          —and endless night's is even less,
which I must come to know, though two blind pits
transmit it, filtered, to our consciousness:
a down payment for absolute oblivion,
which we ourselves will come to in the end.

I was only as much, as little, as the No-Hand,
that points neither to this side nor the other,
          that's neither lost nor found,
as if time, between here and there, could pass and hover.
The pattern on his back still felt unruffled
          under my finger, as if invisible.

a csőr lassan kinyílt, nem lihegősen,
inkább csak mártózni valami hűsben,
mert a forróság a nem várt hatásra
a harminc grammnyi testet be- s bejárta.

És hangom szólt hozzá, az ismerős,
az örökké megválaszolhatatlan,
          három-verébnyi-ős
helyett ő állt világtalan-alakban,
mint kérdezetlenségünk válasza,
          melynek elég, hogy önmaga;
kezem távolodott kalitka-űrben,
nem érzett hullámlásábavegyülten,
s a másfél perc még-sosem-volt csodája
jó ok lett neki egy tollászkodásra.

Slowly, but not panting, he opened his bill;
he seemed to want to dip into something cool,
because the heat of that unexpected hand
entered, re-entered, the body of thirty grams.

And a voice spoke to him, familiar, mine,
the voice forever unanswerable; instead
        of a traced three-sparrow line,
he stood there silent with his sightless head
like an answer to questions we never thought to guess,
        for which to be oneself is best.
Slowly my hand moved sideways in the cage,
it blended with the imperceptible waves;
and the minute's miracle, until now never seen,
became good reason enough for him to preen.

"AMI EGYSZER
CSODÁLATOS FORMÁT NYERT . . ."

(Pilinszky Jánosnak)

Tragikus, mint minden elmerült éden. S ha épp csak
tolmácsolok valami ilyet; ami egyszer már csodás
formát öltött. Egyszerűen és igénytelenül. Olyan
egyszerű lenne örökké élni velük, oly semmi igény.
Elkezdeném visszapergetni az életemet e kilenc
madárért. Uszodába járnék, ingyen jeggyel, a régi
uszodába. Végigmennék az Erzsébet királyné úton,
még nem tudnék újabb ismerőseimről, kiknél az ő
rokonaik élnek. Tágas lenne a hirtelen, elhihetetlen
tavasz a januári éggel, az üres fákkal, hatalmas
házikenyerekkel a húsboltokban. Nem gondolnék
vágóhidakra, és képzeletemet újabb s újabb lények
vonzanák. Ahogy ma is. Mi ez akkor, hajnalban, ahogy
felébredek, és fázom? Pedig milyen meleg van miattuk,
mennyire kell nekik ez a meleg. A vak rögtön vizelni
kezd, ha csak egy fokot süllyed a hőmérséklet. Ülök
a téli, sötét hajnalban, mely nem a megkönnyebbülést
hozza, nem az első jelet, ülök a fürdőszobában, és
vacogok. Aztán elkezdek borotválkozni, és képes
volnék elfogyasztani egy választott ebédet. Erről
nem volt szó, amikor rájuk találtam. Tovább fogok
élni. Vagy nem? Kilenc halál, kilencszer nem tudom hány
hajnal, kibírhatatlan vízszintes testhelyzet. Minden
kibírhatatlan, ami nem az igazi. Minden kibírható.
Megyek, vitamint gyúrok kenyérgalacsinokba, ápolok
egy sötétlila lábat. Majd visszanyeri rendes fakó

"WHAT ONCE
ASSUMED A MARVELOUS FORM . . ."

(to János Pilinszky)

Tragic, like every sunken Eden. And when I just barely
interpret something like that: what once took on
a marvelous form. Simply and unpretentiously. It would be
so simple to live with them forever, so without pretension.
I would begin to roll back my life for these nine
birds. I would sneak into the swimming pool, the old
swimming pool. I would walk down Queen Elizabeth Street,
I would not know my recent acquaintances, with whom their
relatives live. The sudden, unbelievable spring would be
spacious, with the January sky, the bare trees, the huge
homemade loaves in the butcher shops. I would not think
of slaughterhouses, and my fancy would be drawn to newer
and newer creatures. As it is today. Then how is it, at dawn,
that I wake up cold? Though it's warm because of them,
they need this warmth so much. When the temperature drops
by just one degree, the blind one starts to urinate.
I'm sitting in the dark winter dawn that brings no relief,
not a sign of it, I'm sitting in the bathroom and
shivering. Then I begin to shave, and I could eat
anything I chose for lunch. I never gave a thought
to this when I found them. I'll go on living.
Or not? Nine deaths, nine times I don't know how many
dawns, intolerable horizontal body positions. Everything's
intolerable that's not as one wants. Everything's tolerable.
I go and knead vitamins into bread-pellets. I nurse
a dark violet foot. It will regain its normal dull beige

151

drapp szinét. Mondd, csakugyan, mi is lett a kutyáddal?
Tudod, akit odaajándékoztál. Én ezt tudom, mi; én is
adtam oda, egyetlen egyszer, madarat. Mintha
másodszor hullt volna ki onnét, ahol valami már egyszer
csodálatos formát nyert, vissza tragikus édenébe.
Milyen könnyú lenne ezzel a puszta borítékkal, csak
fgy végigmenni, amerről hoztam őt, hat és fél éve,
végigütögetni könnyedén az ágak végeit. De hát a súly,
a táp, az etetés sincs közelebb ahhoz, ami oly
távol került tőlünk, az egyszerűség és az igénytelenség.

color. Tell me, my friend, what really happened to your dog?
You know, the one you gave away. I know what that's like.
I too gave away, just once, a bird. As if it had fallen,
for the second time, from the place where something once
had assumed a marvelous form, back to its tragic Eden.
How easy just to walk along with this empty envelope
from where I carried him six and a half years ago,
to touch lightly the tips of the branches. But the weight,
the food, the feeding, are no nearer to what ended up
so far from us, simplicity and unpretentiousness.

The Lockert Library of Poetry in Translation

LIBRARY OF CONGRESS CATALOGING-IN-PUBLICATION DATA

TANDORI, DEZSŐ, 1938–
BIRDS AND OTHER RELATIONS.

(THE LOCKERT LIBRARY OF POETRY IN TRANSLATION)
TRANSLATED FROM THE HUNGARIAN.
I. BERLIND, BRUCE. II. TITLE. III. SERIES.
PH3351.T335A23 1986   894'.51113   86–42853
ISBN 0–691–06685–X
ISBN 0–691–01433–7 (PBK.)